W0054066

Rainer Moritz

Unbekannte Seiten

Kuriose Literaturgeschichte(n)

Oktopus

Für den Blick hinter die Verlagskulissen:
www.kampaverlag.ch/newsletter

Ein Oktopus Buch bei Kampa

Alle Rechte vorbehalten
Copyright © 2022 by Kampa Verlag AG, Zürich
www.kampaverlag.ch
www.oktopusverlag.ch
Covergestaltung und -motiv. Lara Flues, Kampa Verlag
Satz: Tristan Walkhoefer, Leipzig
Gesetzt aus der Stempel Garamond LT / 220125
Druck und Bindung: Friedrich Pustet, Regensburg
Auch als E-Book erhältlich
ISBN 978 3 311 30024 3

Inhalt

Ein Wort vorweg

Worin liegt der Reiz all jener kleinen, scheinbar nebensächlichen Geschichten, die man sich über Menschen erzählt? Was lässt uns glauben, dass wir deren Besonderheit nicht allein an ihren edlen Taten, stolzen Reden oder bedeutsamen Schriften erkennen? Wahrscheinlich ist es einer unserer Urtriebe, nach skurrilen Anekdoten zu gieren und unsere Neugier bei jeder Gelegenheit zu befriedigen. Was das Wesen der Menschen ausmacht, das – so denken wir nur zu gern – erschließt sich vielleicht klarer, sobald diese in Ausnahmesituationen geraten, aus der Rolle fallen oder die gesellschaftlichen Konventionen an Belang verlieren.

Dieser Spur bin ich nachgegangen, mit Blick auf Schriftstellerinnen und Schriftsteller, deren Biographien sich zum Glück nicht nur aus Staatstragendem zusammensetzen. Von Bettina von Arnim bis Peter Härtling spannt sich der Bogen, und allesamt sind es kleine Geschichten, die Verblüffendes, Ungeheuerliches, Liebenswertes oder Peinliches an den Tag bringen.

Manche dieser Episoden waren bislang in den Tiefen der Literaturgeschichte vergraben, andere hat man vielleicht schon mal gelesen. Je häufiger solche Begebenheiten freilich erzählt werden, desto verschwommener ihre Details. Wie es sich für *urban legends* gehört, verändern sie sich, existieren bald in unterschiedlichsten Fassungen, sodass ihr »Wahrheitsgehalt« nicht mehr eindeutig zu bestimmen ist. Und so zeige auch ich keine Scheu, das Überlieferte bisweilen mit diesem und jenem anzureichern und ein paar kräftige Farbtöne hinzuzufügen. Wie es eben so ist, wenn man von Vergangenem mit unsicherer Quellenlage berichtet. Bei manchen Ereignissen stehe sogar vielleicht nur ich als Zeitzeuge zur Verfügung, was freilich nicht bedeutet, dass hier zum plumpen Mittel der reinen Erfindung gegriffen worden wäre.

Schön wäre es, wenn Sie, liebe Leserinnen und Leser, nach der Lektüre dieses Spiel fortführen und ihre Lieblingserzählungen im Bekanntenkreis weiter verbreiten würden – natürlich in Varianten, die Ihnen besonders einleuchtend erscheinen. Einige wenige der hier versammelten Texte erschienen zuerst in der *Literarischen Welt* und wurden für dieses Buch leicht verändert, natürlich ...

Als Bettina von Arnim
eine Blutwurst bemühte

Die Frankfurter Kaufmannstochter Bettina Brentano ist von der Nachwelt – vor allem der männlichen – oft ungerecht behandelt worden. Mit ihrem impulsiven, koboldartigen Wesen wollte sie sich nicht recht in ein konventionelles bürgerliches Leben einfügen, was ihr – so ging und geht man gern mit unangepassten Frauen um – den Ruf einer »schwierigen« und »anstrengenden« Person einbrachte.

Mit ihrem sprühenden Temperament und ihrer wachen Intelligenz nahm sie so unterschiedliche Geistesgrößen wie Friedrich Schleiermacher, Hermann von Pückler-Muskau, Ludwig Tieck, Felix Mendelssohn Bartholdy, Ludwig van Beethoven oder Robert Schumann für sich ein.

Im März 1811 heiratet sie mit Mitte zwanzig den Dichter Achim von Arnim, der kurz zuvor mit ihrem Bruder Clemens die Volksliedersammlung *Des Knaben Wunderhorn* herausgegeben hat. Das eigentliche Objekt ihrer schwärmerischen Begierde ist jedoch der fünfunddreißig Jahre ältere Johann Wolfgang von Goethe. Geschickt, wie sie in solchen Dingen ist, knüpft sie über dessen Mutter zarte Bande. 1807 kommt es zur ersten Begegnung zwischen dem Weimarer Großdichter und seiner umtriebigen, mit der Wahrheit stets großzügig hantierenden Verehrerin. Ein Briefwechsel schließt sich an. Die Ehe mit Achim von Arnim ändert an Bettinas Leidenschaft wenig.

Im Sommer 1811 reisen die Arnims nach Weimar, man wohnt bei Goethens – eine heikle Konstellation, da die Hausherrin, Goethes Frau Christiane, die extrovertierte Besucherin als Eindringling empfindet. Die zwei Damen waren, wie Tony Kellen schrieb, »ihrer Geistesrichtung und ihrem Charakter nach so unterschiedlich, dass sie sich unmöglich vertragen konnten«.

Mitte September kommt es zum Eklat, der der Weimarer Tratsch-und-Klatschküche allerbesten Stoff liefert. Man besucht eine Ausstellung des Schweizer Malers Johann Heinrich Meyer, der in Weimar seit 1806 als Direktor der Fürstlichen freien Zeichenschule wirkt und ein enger Freund und Berater Goethes ist. Bettina und Christiane verharren vor einem Gemälde, das die Letztere eifrig zu loben beginnt. Ehe sie sichs versehen, brechen sich die unterschwelligen Eifersüchteleien Bahn, und es kommt, coram publico, zu einem heftigen Streit. Glaubhaften Quellen zufolge belassen es die Frauen nicht bei einem verbalen Schlagabtausch. Bettinas Brillengestell fällt schließlich zu Boden, was die Angegriffene nicht auf sich sitzen lässt. Voller Furor wirft sie ihrer – fülligen – Widersacherin eine Beleidigung an den Kopf: »Sie wahnsinnige Blutwurst!«

An »echten« Zeugen mangelt es, zumal sich Bettinas Gatte, den Zwist vorhersehend, rechtzeitig in einen Nebenraum zurückgezogen haben soll. Wo das Konkrete fehlt, ist die Phantasie gefragt. Milan Kundera hat diese Lücke in seinem Roman *Die Unsterblichkeit* üppig gefüllt. Da liest man: »Bettina redet, sie wird immer aufgeregter, und auf einmal fliegt ihr Christianes Hand ins Gesicht. Im letzten Augenblick macht sie sich bewusst, dass es sich nicht gehört, jemandem eine Ohrfeige zu verpassen, den man als Gast beherbergt. Sie bremst ihre Geste, wodurch ihre Hand Bettinas Stirn nur streift. Die Brille fällt zu Boden und zerspringt. Die Leute in ihrer Nähe drehen sich um und erstarren vor Verlegenheit; aus dem Nebenraum kommt Arnim gelaufen, der Ärmste, und weil ihm nichts Intelligenteres einfällt, geht er in die Hocke und sammelt Splitter für Splitter die Scherben ein, als wollte er sie wieder zusammenleimen.«

Plastischer als Kundera hat sich das niemand ausgemalt. Erstaunlicherweise verzichtet er in seiner Darstellung darauf, die Blutwurst-Replik einzubauen. Bettina habe diese Schmähung erst Tage danach in den Weimarer Salons geäußert – was der Ausstellungskonfrontation einiges von ihrem Schwung nimmt.

Wie auch immer: Die Auseinandersetzung zieht umgehend Konsequenzen nach sich. Goethe tut, was ein guter Ehemann in einer solchen Situation zu tun hat: Er verbietet den Arnims sein Haus. Und Achim von Arnim tut, was ein guter Ehemann in einer solchen Situation zu tun hat: Er hält zu seiner Gemahlin.

So endet diese Beziehung jäh. Bettina unternimmt – als sei nichts geschehen – immer wieder neue Anläufe, Goethes Vertrauen zurückzugewinnen. Vergebens. In Briefen tituliert Goethe seine hartnäckige Möchtegern-Geliebte als »leidige Bremse« und spricht in seinem Tagebuch von ihrer »Zudringlichkeit«. Die »Blutwurst«-Affäre lässt sich nicht rückgängig machen.

Überhaupt, die Blutwurst. Warum die wütende Bettina zu dieser kuriosen, im Weimar Goethes wohl nicht sehr verbreiteten Beleidigung griff, bleibt ein Rätsel. Das Grimm'sche Wörterbuch immerhin führt die Wendung »Blutwürst machen«

als Synonym für das Schlachten schlechthin, für Blutgemetzel an. Die umgangssprachliche Sentenz »Rache ist Blutwurst« taucht literarisch erst im 20. Jahrhundert auf. Dass Bettina bei ihrem Weimarer Aufenthalt im Sommer 1811 schwanger war und deshalb womöglich unter Eisenmangel litt, dem der Verzehr von Blutwürsten in der Regel entgegenwirkt, sei zumindest erwähnt. Psychoanalytisch ließe sich damit etwas anfangen. Wer weiß schon genau, welche Ursachen im Affekt geäußerte Beleidigungen haben?

Und wie es sich für eine gute Geschichte gehört, sorgt der Lauf der Zeit dafür, dass sie Wandlungen durchläuft. Die »wahnsinnige Blutwurst« konkurriert so mit einer »toll gewordenen Blutwurst«, während Rüdiger Safranski in seiner Goethe-Biographie etwas enttäuschend von einer »dicken Blutwurst« spricht.

Erwähnt sei zudem – obwohl der Goethe-Bezug hier locker ist –, dass Fredi Bobic, Stürmer des VfB Stuttgart, 1996 nach Spielschluss Schiedsrichter Hans-Jürgen Kasper eine »blinde Bratwurst« nannte. Auch ungeachtet der rauen Sitten auf Fußballplätzen eine recht ungewöhnliche Beleidigung. Bobic wurde für ein Spiel gesperrt. Die Wurst scheint als Schmähvokabel mehr herzugeben, als man denkt.

Als Marcel Proust sich duellierte

L ausig kalt ist es an diesem Nachmittag des 6. Februar 1897, und zu allem Überfluss regnet es. Gemütlich wäre es, sich an einem solchen Tag zurückzuziehen, in antiken Klassikern zu lesen, feine Prosaskizzen zu Papier zu bringen und sich auf einen Salonabend in der Pariser Hautevolee zu freuen. An diesem Nachmittag jedoch hat der 25-jährige Marcel Proust dafür keine Zeit. Wohl oder übel muss er den Boulevard Malesherbes im 8. Arrondissement verlassen, wo er zusammen mit seinen Eltern wohnt, und sich vor die Tore der Stadt begeben, in den knapp fünfzehn Kilometer entfernten Wald von Meudon, südwestlich von Paris gelegen.

Wichtiges hat Proust zu erledigen: Er muss seine Ehre wiederherstellen, sich duellieren. Begleitet von zwei Sekundanten, dem Maler Jean Béraud und dem Fechtmeister Gustave de Borda, macht er sich in den Stadtwald auf, der häufig Schauplatz solcher Konfrontationen ist und sogar eine »Allée des duels« aufweist. Proust sieht den Ereignissen unerschrocken entgegen und ist bester Laune. Denn da er schon als junger Mann gern ausgiebig das Bett hütet – wenn auch nicht den ganzen Tag, sondern nur vormittags –, war er in Sorge, dass das Duell für die Morgenstunden anberaumt werden könnte. Proust hat Glück. Am Nachmittag um drei soll die entscheidende Stunde schlagen – eine Stunde, bei der sein Leben auf dem Spiel steht. »Als man mir mitteilte, dass es am Nachmittag stattfinde, war es mir plötzlich ganz gleichgültig«, schrieb er Jahre später der Pariser Salonnière Geneviève Straus.

Prousts Widersacher ist der gut fünfzehn Jahre ältere Dichter und Kritiker Jean Lorrain, ein offen homosexuell lebender Dandy. Lorrain hat es gewagt, Prousts Erstling *Freuden und Tage* – eine versnobt aufgemachte Sammlung kleinerer Prosatexte, die nicht allzu viel von der späteren Meisterschaft des Autors zeigen – hämisch zu besprechen. Und zudem in einem Halbsatz zu insinuieren, dass Proust mit seinem jungen Freund Lucien Daudet, Sohn des hochangesehenen Schriftstellers Alphonse Daudet, mehr als eine nur freundschaftliche Beziehung pflege.

Das kann Proust nicht auf sich sitzen lassen, nicht zuletzt seiner Eltern wegen. Als Homosexueller will er auf keinen Fall gelten, und so wählt er – nicht zum ersten und letzten Mal in seinem Leben – eine Reaktion, die besonders viril erscheinen soll. Zur Verblüffung seiner Freunde verhält er sich, sobald man ihn angreift, wie ein gereizter Löwe. Dem Ruf eines »weibischen« Salonästheten stellt er sich in solchen Momenten furchtlos entgegen – im Duell zum Beispiel.

Für eine Auseinandersetzung mit Schwert und Degen sind die Kontrahenten körperlich beide gleichermaßen ungeeignet. So hat man sich für Pistolen entschieden. In der Nähe des Turms von Villebon treten sich nun zwei Homosexuelle gegenüber, von denen einer keiner sein will. Fünfundzwanzig Schritte trennen sie voneinander, es regnet immer noch. Proust schießt zuerst, doch die kraftlose Kugel plumpst zwei Meter vor Lorrains Füßen in den matschigen Waldboden. Lorrain antwortet, wie es sich gehört, und feuert zurück. Zielwasser scheint er keines getrunken zu haben; seine Kugel landet irgendwo zwischen den Bäumen.

So überleben beide. Der wild entschlossene Proust und Lorrain, dieser »Herr«, den – wie Proust später schrieb – »ich nicht kannte und den ich nur an diesem Tag sah«. Die Sekundanten stellen fest, dass die Angelegenheit damit zu den Akten gelegt werden kann. Proust fährt zurück nach Paris und erstattet seinen Eltern Bericht. Die

Presse berichtet. Freunde loben Prousts Tapferkeit, und noch Jahre später wird er die nachmittägliche Schießerei als eine seiner schönsten Erinnerungen bezeichnen. Gut für die Weltliteratur, dass auch Jean Lorrain ein schlechter Schütze war.

Als Hellmuth Karasek
zu spät zur Lesung kam

Der Zug hat Verspätung, natürlich. Unruhig sieht Hellmuth Karasek aus dem Abteilfenster. Die oberschwäbische Landschaft wärmt sein Herz … Hat er sich nicht einst bei der *Stuttgarter Zeitung* seine ersten Sporen als Theaterkritiker verdient? Doch heute steht ihm nicht der Sinn nach sanften Hügeln und saftigen Wiesen. Er sieht auf die Uhr, ahnend, dass die Deutsche Bahn seine Planung durcheinanderbringen wird. Dabei hat er sich alles so fein zurechtgelegt, um seinen beiden Vorlieben – Literatur und Kulinarik – gerecht zu werden.

Lesereisen sind für ihn ein Elixier. Während sich viele seiner gleichaltrigen Kollegen längst aufs Altenteil zurückgezogen haben, liebt er es noch immer, unterwegs zu sein. Er ist ein Zirkuspferd, das es in die Manege treibt. Die Menschen, die ihn vor allem aus dem *Literarischen Quartett* kennen, mögen ihn. Sie spüren, dass er mit Lust und Laune bei der Sache ist. Witze kann er stundenlang erzählen; da entkommt ihm keiner …

Bei einer guten Lesung muss freilich auch das Drumherum passen. Sorgfältig stimmt er sich auf die Veranstaltungsorte ein, er kennt viele der Buchhändler, die ihn einladen, persönlich, und er weiß, welche empfehlenswerten Restaurants die Kleinstädte seiner Auftritte zu bieten haben. Akribisch hat er den heutigen Abend vorbereitet. Er weiß natürlich, dass es oft schwierig ist, in der Provinz gegen 22 Uhr noch ein geöffnetes Lokal zu finden, und mit den Käseschnittchen, die man mitunter in den Buchhandlungen für ihn bereithält, gibt er sich nicht zufrieden. Deshalb hat er sich angewöhnt, vor der Lesung in aller Ruhe einzukehren. Sicher ist sicher. Wenngleich das den Magen belastet; doch mit einem Gläschen Champagner wird er schon wieder in Fahrt kommen …

Ravensburg, sein Ziel an diesem Tag, verspricht viel Gutes: eine vorzüglich geführte Buchhandlung und vor allem ein Sternerestaurant, das ihm bestens vertraut ist. Wenn da nicht diese blöde Zugverspätung wäre … Endlich fährt die Regionalbahn in den Bahnhof ein, er wirft sich in ein Taxi, checkt aufs Schnellste im Hotel ein und macht sich sofort ins Waldhorn auf. Halb sieben bereits zeigt die Armbanduhr, aber sich dieses Abendessen nehmen zu lassen kommt nicht in Betracht. Um acht soll die Lesung beginnen …

Albert Bouley heißt der begnadete Mann, der das Waldhorn betreibt. Einer der Ersten, der die euroasiatische Küche nach Deutschland brachte. Hellmuth Karasek nimmt in einer Nische Platz, winkt die Bedienung herbei – eine Blondine ganz nach seinem Geschmack – und studiert die Karte mit Vorfreude. Drei Gänge, das sollte zu schaffen sein, begleitet von den herrlichen Weinen aus dem Bouley'schen Keller. Er ordert als Entree ein Tomaten-Carpaccio mit Krebsen und gebeizter Lachsforelle und danach … er zögert, eine Miéral-Ente in zwei Gängen, das wäre es, doch leider recht zeitraubend … und entschließt sich, stattdessen seiner Liebe zu Innereien nachzugeben und jene unübertrefflichen urschwäbischen Kutteln zu bestellen, die Albert Bouley als raffinierten Pot au feu mit Tomaten-Nage serviert.

Man muss sich Hellmuth Karasek in diesem Moment als glücklichen Menschen vorstellen. Er genießt das Dargebrachte, folgt den Weinempfehlungen der adretten Kellnerin und ist dabei, jedes Zeitgefühl zu verlieren – ein herrlicher Zustand. Käse schließt den Magen, denkt er sich, als er den letzten Tropfen der dunklen Kuttelsoße aufgetunkt hat, und bestellt als Dessert Ziegen- und Schafsrohmilchkäse mit schwarzem und gelbem Forellenkaviar in Walnussschnittlauch-Vinaigrette.

Ein Gläschen Gewürztraminer dazu kann nicht schaden, sinniert er, als plötzlich sein Handy – hat er darüber nicht auch ein Buch geschrieben? – zu brummen beginnt.

Unauffällig nimmt er das Gespräch an – zum Glück sind nur wenige Tische besetzt – und erkennt die sonore Stimme der Buchhändlerin, die ihn nach Ravensburg gelockt hat. Besorgt ist sie, ein klein wenig ärgerlich sogar. Wo er denn sei? Fünf nach acht sei es und der Laden rappelvoll … Hellmuth Karasek sieht ungläubig auf seine Uhr, murmelt, um Zeit zu gewinnen, etwas von einer sehr schlechten Verbindung und trifft Sekunden später die einzig mögliche Entscheidung. Im Zug sitze er noch, Verehrteste, eine skandalöse Verspätung, wie er sie selten erlebt habe, Weichenstörung, ja, unglaublich, aber in einer Viertelstunde, habe man durchgegeben, komme er an, und dann werde er sofort in die Buchhandlung eilen. Sie könne das Publikum doch sicher bei Laune halten … Er freue sich … wenngleich er nun gar nichts mehr verstehe, die Verbindung …

Hellmuth Karasek schaltet sein Handy aus und atmet durch. So weit kommt's noch, dass er wegen einer Lesung dieses göttliche Lokal ohne Dessert verlässt, ohne Ziegen- und Schafsrohmilchkäse mit schwarzem und gelbem Forellenkaviar in

Walnussschnittlauch-Vinaigrette … Er sieht die lächelnde Kellnerin nahen, mit einem Teller, auf dem all diese Köstlichkeiten arrangiert sind, ästhetisch hoch gelungen, das kann er als Kritiker beurteilen. Walnussschnittlauch-Vinaigrette, wie das schon klingt.

Er verzehrt sein Dessert ohne Eile und macht sich dann zur nahegelegenen Buchhandlung auf. Die Kirchturmuhr schlägt halb neun. Die Lesung verspricht ein voller Erfolg zu werden.

Als Albert Camus
die Arbeit verweigerte

Angespannte Stimmung herrscht im Stadion Saint-Eugène in Algier. Das Halbfinale des Schulcups 1929 steht an, und viele Zuschauer hoffen an diesem sommerlichen Nachmittag auf eine Überraschung. Favorisiert ist das Team der Gymnasiasten, doch die ambitionierte Auswahl der École Pratique d'Industrie (E. P. I.) hat im Vorfeld keine Mühen gescheut, um ins Finale zu gelangen. Um gegen die blasierten Oberschüler mithalten zu können, hat man sich Verstärkung geholt: den hochgelobten Torhüter des Clubs Racing universitaire d'Alger (RUA). Der geht zwar auch aufs Gymnasium, doch indem er kurzerhand einen Abendkurs an der E. P. I. belegt, erschleicht er sich die Spielgenehmigung für das wichtige Match.

Der Torwart mit den bestechenden Reflexen heißt Albert Camus. 1913 geboren, wächst er in Algiers Arme-Leute-Viertel Belcourt auf. Sein schulisches Vorankommen hindert ihn nicht daran, auf zementierten Hinterhöfen dem Ball hinterherzujagen. Als Torwart des RUA feiert er Erfolge, doch seinem Jugendfreund Abel Paul Pitous zufolge (nachzulesen in dessen postum erschienenen Brief *Mon cher Albert*) erlebt er den denkwürdigsten Tag seiner Sportlerkarriere als Aushilfskeeper des E. P. I.-Teams.

Das Spielgeschehen entwickelt sich so, wie Camus und sein Mannschaftskollege Pitous es sich vorgestellt haben. Zur Verblüffung der Gymnasiasten gehen die Underdogs früh in Führung und scheinen diese auszubauen, als sie mit einem prachtvollen Kopfstoß das 2:0 erzielen. Die Freude währt freilich nur kurze Zeit, denn an dieser Stelle greift der Schiedsrichter, ein Medizinstudent namens Dumas, ins Geschehen ein und verweigert dem Treffer die Anerkennung. Warum, weiß nur er allein, und hätte es damals im Stadion Saint-Eugène Kameras gegeben, wäre diese Szene heute in jeder Albert-Camus-Dokumentation zu sehen.

Das Stadion tobt angesichts der schreienden Ungerechtigkeit. Die E. P. I.-Mannschaft gerät aus dem Tritt, und Albert Camus – offenkundig früh an moralischen Grenzsituationen interessiert – beschließt, den Frevel des Schiedsrichters auf seine Art bloßzustellen. Als ein Stürmer auf ihn zuläuft, tut Camus nichts von dem, was seine Torhüterpflicht wäre. Er wirft sich Ball und Gegner nicht entgegen, sondern protestiert still gegen die Ungerechtigkeit in der Welt beziehungsweise im Stadion Saint-Eugène: Camus bleibt am Elfmeterpunkt stehen, zieht seine große Ballonmütze, grüßt den Angreifer mit einer Verbeugung und lädt ihn galant zum Torschuss ein. Was dieser sich nicht zweimal sagen lässt.

Das Spiel endet, wie es enden muss. Pitous, Camus & Co. scheiden mit einer schmerzlichen 1:2-Niederlage aus, doch ihre Ehre ist dank Camus' großer Geste gerettet. Die vom Schiedsrichter mit Füßen getretene Gerechtigkeit, nach Aristoteles die edelste aller Tugenden, hat nicht verloren.

Camus war Torwart, wie erstaunlicherweise viele Schriftsteller, wie Vladimir Nabokov, Henry de Montherlant und Albert Ostermaier. Weil der Torhüter als letzter Mann der Außenseiter ist, einsam, auf sich allein gestellt, und mit einem einzigen Fehler das Spiel verlieren kann? Camus blieb seiner Liebe zum Fußball treu. Sein berühmter, 1953 geschriebener Satz »Alles, was ich schließlich am sichersten über Moral und menschliche Verpflichtungen weiß, verdanke ich dem Fußball, habe ich bei RUA gelernt« muss ergänzt werden: Seine Urerfahrung machte er 1929 im E.P.I.-Trikot, als er im Schulcup die Arbeit verweigerte, in höherer ethischer Absicht.

Als Anna Seghers
alte Sau genannt wurde

Ein warmer Sonntag im Juli oder August 1951. In Ahrenshoop, dem Fischerdorf auf dem Darß, tummeln sich die Erholungssuchenden und genießen das Zusammenspiel von Bade- und Kulturfreuden. Ende des 19. Jahrhunderts bereits hatte sich hier um Paul Müller-Kaempff, Elisabeth von Eicken und Fritz Grebe eine Künstlerkolonie gebildet, und gleich nach dem Zweiten Weltkrieg schickte man sich an, diese Tradition aufzugreifen und »im schönsten Land der Welt« (Uwe Johnson) ein »Bad der Intelligenz« zu etablieren. Maßgeblichen Anteil daran hatte der im Juni 1945 aus dem Moskauer Exil heimgekehrte Johannes R. Becher. Als Präsident des kurz darauf gegründeten Kulturbundes zur demokratischen Erneuerung Deutschlands machte er sich daran, Schriftsteller, Künstler und Wissenschaftler an die Ostsee zu locken. Ein »Intelligenz-Sammelpunkt« mit weiter Ausstrahlung sollte sich auf diese Weise bilden.

Becher selbst fand früh Wohlgefallen an Ahrenshoop, spielte mit dem Gedanken, ein Anwesen – das heutige Dünenhaus – zu erwerben, und hoffte auf Inspiration für sein eigenes dichterisches Schaffen. 1950 jedoch musste er seine Sommerfrische jählings abbrechen: Eine Liebschaft drohte seine Ehe zu gefährden, es kam zu offenem Zwist am Urlaubsort, und von da an reiste er nur noch selten nach Ahrenshoop.

Im Sommer 1951 freilich lässt er es sich nicht nehmen, im weißen Leinenanzug den Strand entlangzuschreiten, den er gern aufsucht. Zuvor hat er im Ortskern, in der Bunten Stube, nach dem Rechten gesehen und seine Werke unauffällig in die vorderste Reihe gerückt.

Binnen weniger Sekunden verdüstert sich seine Stimmung. Becher, ein erklärter Gegner der Freikörperkultur – die von der ostdeutschen Bevölkerung keineswegs, wie heute oft behauptet, immer schon leidenschaftlich praktiziert wurde –, empört sich beim Anblick provokativ zur Schau gestellter »deformierter Körper« und will das allein »im Interesse der Ästhetik« nicht dulden. Und was kommt ihm da, am Strand Richtung Wustrow, unter die Augen? Eine splitternackte Frau um die fünfzig gibt sich hemmungslos der Sonne hin, lediglich ihr Antlitz schützt sie vor der Hitze mit einer Zeitung, genauer: mit einem Exemplar des *Neuen Deutschland*.

Becher vermag es nicht, seine Erregung zu zähmen, stürzt auf die Nackte zu und sorgt für eine Ansprache, die in den Anekdotenschatz der Weltliteratur eingehen wird. »Schämen Sie sich nicht, Sie alte Sau?«, soll Sonettspezialist Becher der unschuldig Ruhenden zugerufen haben – eine pointierte, wenngleich rhetorische Frage. Als die Angesprochene die Zeitung zur Seite legt, macht sich Verlegenheit breit. Es ist Anna Seghers, die Grande Dame der DDR-Literatur. Man tut so, als sei nichts vorgefallen, wechselt ein paar belanglose Worte und wünscht sich einen schönen Tag.

Der eh am liebsten in seiner Ferienwohnung hockende Brecht und Hanns Eisler, die diesen Sommer ebenfalls in Ahrenshoop verbrachten, sollen von der Szene nichts mitbekommen haben.

Das allein wäre schon eine feine Geschichte, doch sie erfährt eine zusätzliche Pointe, als Anna Seghers wenige Wochen später in der Deutschen Staatsoper zu Berlin der Nationalpreis Erster Klasse der DDR verliehen wird. Überreicht wird ihr die Auszeichnung vom späteren Kulturminister Becher, der mit einem zarten »Meine liebe Anna …« ansetzt. Diese hat indes den verbalen Zwischenfall von Ahrenshoop nicht vergessen und zischt ihm ein »Für dich immer noch die alte Sau« zu – in einer Lautstärke, die die verdutzten Festgäste in den ersten Reihen an diesem Dialog partizipieren lässt.

Als Justinus Kerner
sich früh ins Grab legte

E in herrlicher Tag kündet sich an. Ende August 1831 ist es, als der Dichter und Arzt Justinus Kerner die frühen Morgenstunden nutzt und sich wieder einmal aufmacht hinauf zur Burgruine Weibertreu. Obwohl noch keine Hitze herrscht und bereits die ersten Vorboten des Nachsommers in der Luft liegen, gerät der Mittvierziger, der dem Essen und Trinken so gerne zuspricht, dass seine Körperfülle von Jahr zu Jahr zunimmt, ins Schwitzen. Dennoch lässt er sich diesen Fußmarsch und den damit verbundenen Blick auf die anmutigen Weinsberger Weinberge nicht nehmen.

So gestärkt, denkt er sich, werde ich dem Tag gewachsen sein, denn an Anforderungen mangelt es nicht im Leben des umtriebigen Mannes. Er ist ein gefragter Arzt, der über das wichtige Thema *Neue Beobachtungen über die in Württemberg so häufig vorgefallenen tödlichen Vergiftungen durch den Genuss geräucherter Würste*, wo von schrecklichen Beispielen männlicher Wurstgier die Rede ist, promoviert hat und über den medizinischen Tellerrand hinauszublicken weiß. Parapsychologie, Mesmerismus, Wunderglaube – all diesen zum Geist der Zeit passenden Phänomenen steht er interessiert gegenüber, wissend, dass ihm das manchen Spottgesang einbringt.

1819 kam er als Oberamtsarzt mit seiner Frau Friederike nach Weinsberg und bezog ein schönes, von Obstbäumen umgebenes Haus, das bald zu einem Treffpunkt nicht nur für schwäbische Romantiker wurde. Die Kerners schufen ein »Asyl der Gastfreundschaft« (Friedrich Theodor Vischer), in dem die illustren Besucher ein und aus gingen, im Garten Platz nahmen und allem, was die Hausfrau kredenzte, begeistert zusprachen. Kaum ein Tag verging, an dem sich nicht Besucher in Weinsberg einfanden.

An diesem Augustmorgen nun spricht man, nachdem Kerner seinen kleinen Marsch unbeschadet hinter sich gebracht hat, beim Morgenmahl über dies und jenes, bis eines der Kinder die Rede auf den Tod bringt. Wie das denn so sei, wenn man nicht mehr lebe, fragt das Nesthäkchen verängstigt. Vater Justinus will seinem Töchterchen die Antwort nicht schuldig bleiben und fordert die Familie umgehend zu einer praktischen Übung auf. Zu deren Zeuge wird ein junger Mann, der, vermittelt durch den Sagensammler Gustav Schwab, erstmals nach Weinsberg kommt, der genialische Lyriker Nikolaus Franz Niembsch alias Nikolaus Lenau.

Mühelos hat er das zentral gelegene Haus gefunden. Die Tür steht offen, vom Hausherrn keine Spur. Lenau wagt sich vor und stößt auf ein wunderliches Bild: »Auf dem Boden ausgestreckt lag lang und breit ein Mann, ihm zur Seite eine Frau, zur Linken und Rechten von ihnen Kinder. Sie lagen unbeweglich, doch konnte ich merken, dass sie lebten. Ich blieb betroffen stehen, die liegende Gruppe tat ebenfalls nichts dergleichen, als ob ein Fremder eingetreten wäre. Ich nannte endlich meinen Namen. ›Ah, willkommen, lieber Niembsch! Wir probieren da eben, wie es sein wird, wenn wir so nebeneinander im Grabe liegen werden.‹«

Lenau, ein psychisch höchst labiler Mann, ließ sich durch die unkonventionelle Begrüßung nicht abschrecken, wurde Stammgast im Kernerhaus, schrieb dort Gedichte sowie an seinem *Faust* und verehrte dem Hausherrn ein Kristallglas, aus dem dieser, wie er penibel errechnete, über ein gutes Vierteljahrhundert hinweg die stattliche Menge von 21 000 Litern Weißwein trank. Kein Wunder, dass nach Justinus Kerner eine Rebsorte benannt wurde. Das aber ist eine andere Geschichte.

Als Walter Kempowski
das Räuspern seiner Frau monierte

Nein, ein einfacher Mensch war Walter Kempowski nicht. Bis zu seinem Tod 2007 litt er darunter, dass der Literaturbetrieb ihm nicht genügend Wertschätzung entgegenbringe und ihm, in seinen Augen längst verdiente, Würdigungen wie den Georg-Büchner-Preis vorenthalte. Das hatte offenkundig damit zu tun, dass der Rostocker Kempowski auf ganz andere Lebenserfahrungen als viele seiner Kolleginnen und Kollegen zurückblickte, mit dem linksliberalen Zeitgeist der 1960er und 1970er Jahre wenig im Sinn hatte und zudem seit dem großen Erfolg seines verfilmten Romans *Tadellöser & Wolff* als Unterhaltungsschriftsteller abgetan wurde.

Schon seine Mitschüler zählten ihn zu den »Abseitsstehenden«, und dass er von September 1948 bis März 1956 im berüchtigten Bautzener Gefängnis einsaß, wegen angeblicher Spionagetätigkeit verurteilt von einem sowjetischen Militärgericht, war eine Erfahrung, die er nicht vergaß. Als er dann in den Westen kam, machte er das Abitur nach, wurde »einfacher Dorfschullehrer« und residierte in seinem sich allmählich zum Großarchiv auswachsenden Haus im niedersächsischen Nartum.

Kempowski blieb ein Außenseiter mit großer Leserschaft, der es niemandem leicht machte. Selbst unter den ihm gewogenen Buchhändlerinnen und Buchhändlern gab es welche, die Lesungen mit ihm ängstlich entgegensahen. Wenn das Hotelzimmer oder die Verköstigung nicht seinen Erwartungen entsprachen – was oft der Fall war –, ließ er seiner Verstimmung freien Lauf. Nach Lesungen gebellte Sätze wie »Ich signiere keine Taschenbücher!« trugen ebenfalls nicht zu seiner Beliebtheit im Handel bei.

Erst mit seinem monumentalen Werk *Das Echolot* (1993–2005), jener vielbändigen Dokumentation, die in Form einer Collage mit Erinnerungsstücken unterschiedlichster Herkunft den Zweiten Weltkrieg darstellte, wurde Kempowskis Bedeutung auch von denjenigen anerkannt, die ihn zuvor belächelt hatten.

Kempowski genoss diesen späten Ruhm (wenngleich ihm dieser natürlich längst nicht ausreichend erschien) und nahm Einladungen zu Lesungen und Gesprächsrunden gerne an. Wer ihn zu sich bat, konnte sicher sein, keine Nullachtfünfzehn-

Verlautbarungen zu erleben. So auch im Sommer 2000, als in Hannover die erste Weltausstellung, die Expo 2000, auf deutschem Boden stattfand und dort natürlich auch die schönen Künste eine Rolle spielen sollten.

»Weltausstellung« – das ist ein Wort nach Kempowskis Geschmack, kein Wunder, dass man ihn nicht zweimal bitten muss, an einer Talkrunde auf dem Expo-Gelände teilzunehmen. Nartum – Hannover, das ist zudem eine Strecke, die sich gut bewältigen lässt. Als sehr bald leicht überforderte Gesprächspartnerin sitzt ihm die oberschwäbische Bestsellerautorin Gaby Hauptmann (*Suche impotenten Mann fürs Leben*) gegenüber und versucht, dem Kollegen Einblicke aus seinem Leben zu entlocken.

Was Kempowski an diesem Abend alles gesagt hat, ist en détail nicht überliefert. Unstrittig ist, dass sich das Gespräch irgendwann Alltagsmarotten zuwendet und Dichter Kempowski sich in eine erstaunliche Erregung hineinsteigert. Frau Hauptmann weiß nicht, wie ihr geschieht, und wenig zu erwidern, als Kempowski auf seine Frau Hildegard zu sprechen kommt.

Kennengelernt hatten sich die beiden beim Studium in Göttingen, genauer: in einer Tanzschule, wo Kempowski, wie sich Hildegard später erinnert, alles auffährt, um ihr Herz zu gewinnen: »Pausenlos hat er mich auf dem Tanzboden zum Lachen gebracht. Dabei neige ich zur Schwermut.«

Was Walter Kempowski an ihr später alles auszusetzen hatte – in langen Ehen kommt da einiges zusammen –, wissen wir nicht genau. In Hannover erfahren Gaby Hauptmann und das Publikum immerhin, dass schon kleine Alltagsusancen ausreichen, um empfindsame Autoren auf die Palme zu treiben: »Meine Frau räuspert sich ständig!«, moniert der Dichter, und einmal in Fahrt gekommen, ist er von diesem Thema kaum noch abzubringen: »Immer räuspert sie sich! Auch wenn ich zu ihr sage: ›Hildegard, räuspere dich nicht die ganze Zeit!‹« Gaby Hauptmann hört verdutzt zu und schweigt. Was soll sie auch sagen?

Ob Hildegard Kempowski, die er als das »große Glück seines Lebens« bezeichnete, dieser denkwürdigen Unterhaltung beiwohnte, ist nicht zweifelsfrei gesichert. Dass sie es, selbst wenn sie sich nicht räusperte, an der Seite ihres zum Schrulligen neigenden Gatten ohnehin nicht leicht hatte, steht außer Frage. Ein Blick in Kempowskis Tagebücher genügt. In seinem letzten Werk *Somnia*, dem Tagebuch aus dem Jahr 1991, finden sich besonders aparte Szenen aus dem Nartumer Alltag. Als Kempowski beispielsweise hört, wie seine Frau pfeift, während sie Teppiche aufhängt, schreibt er sofort ein typisches Kempowski-Wort nieder: »Auch schön, eine Ehefrau mit guter Laune zu haben.«

Bei derart charmant-ironischer Lobrede dürfte es Hildegard Kempowski verschmerzt haben, dass er sie gelegentlich, wörtlich genommen, im Regen stehen ließ: »Gestern Nacht überschüttete sich Hildegard im Garten mit Regenwasser. Ich wusste das nicht und schloss die Außentüren ab.« Es ist nicht überliefert, ob es Frau Kempowski nach ihrer Wasserkur gelang, wieder Einlass ins Haus zu finden.

Auf jeden Fall: Wann immer sich in meiner Gegenwart jemand räuspert, denke ich unweigerlich an die Expo 2000 und an Walter Kempowski.

Als Eduard Mörike
zum Schnupftuch griff

Worin ein wahres Abenteuer besteht und was es heißt, dem Leben heldenhaft die Stirn zu bieten, darüber gibt es unterschiedliche Auffassungen, auch unter Schriftstellern. Wo der eine den Schreibtisch flieht, um gegen Löwen zu kämpfen oder sich in Stahlgewittern zu beweisen, und die andere nach Afrika übersiedelt, um eine Farm zu betreiben, haben leisere Gemüter genug damit zu tun, sich in sich selbst zu versenken.

Ganze literarische Epochen und ihre Vertreter scheinen zu Rückzügen dieser Art zu neigen, die ihre Verächter vorschnell Eskapismus schelten. Das Biedermeier zum Beispiel ist eine solche Zeit; kaum ein Vertreter dieser Epoche neigte zu außergewöhnlichen Kühnheiten. Auch Eduard Mörike nicht, der mit der Schaffensfreude seiner schwäbischen Landsleute wenig anfangen konnte und von diesen argwöhnisch betrachtet wurde. Faul sei er gewesen, hieß und heißt es über ihn, und in der Tat lässt sich nicht von der Hand weisen, dass ihn wenig interessierte, was seine Mitmenschen unter einer bürgerlichen Erfolgsgeschichte verstanden.

Als es ihm 1834 endlich gelingt, eine Pfarrstelle im lauschig-beschaulichen Cleversulzbach (dessen altem Turmhahn er später ein feines Gedicht widmet) zu ergattern, ermatten ihn die überschaubaren Dienstpflichten alsbald. Liebend gern lässt er sich von Vikaren vertreten, und um von der Last der Gottesdienstvorbereitung entbunden zu sein, bittet er seinen Freund Hartlaub, Pfarrer wie er, um einen Packen Predigten. Mörike zieht es vor, schönste Gedichte zu schreiben, lesend im Garten zu sitzen, den Wolken bei ihrem aufregenden Tun zuzusehen oder den Gesängen der Dorfkinder zu lauschen.

1843 hat er es endlich geschafft: Im zarten Alter von 39 Jahren wird sein Antrag auf Pensionierung genehmigt. Ein paar Jahre später heiratet er, der evangelische Theologe, eine Katholikin und zieht nach Stuttgart, wo er mit Frau und Schwester einen Dreierhausstand gründet (auf dem leider kein Segen liegt). Immerhin, er gilt als geachteter Dichter, empfängt Kollegen wie Theodor Storm, die ihn schätzen, und hat nichts dagegen, wenn er seine Ruhe hat.

Große Werke packt er in seinen letzten Lebensjahrzehnten nicht mehr an, doch erfreulicherweise macht man ihn zum Professor, der am Stuttgarter Katharinenstift viele Jahre lang Literaturunterricht erteilt, sogenannte »Frauenzimmer-Lektionen«. Eine Stunde in der Woche lautet der Auftrag, was darauf schließen lässt, dass er sich wieder nicht überarbeitet hat. Allerdings widerfährt ihm während einer dieser Unterrichtsstunden etwas, was fast als weltliches Abenteuer durchgehen kann.

Die Schriftstellerin Isolde Kurz hat davon berichtet, dass es Mörike, während er seinen Schülerinnen Goethes *Iphigenie* nahebrachte, nach einem Schnupftuch verlangte. Gedankenverloren greift der Dozent hinter sich und kriegt etwas Weißes zu fassen. Er schnäuzt in das Objekt hinein, versucht das seltsam grobe Tuch in seiner Hosentasche zu versenken, was nur unter Anstrengung glückt. Erst als ihn wenig später erneut ein Schnäuzbedürfnis ereilt, stellt Mörike zu seinem Entsetzen fest, dass er in lyrischer Erregung sein Sacktuch mit der Fenstergardine verwechselt hat.

Ein rechtes Abenteuer, keine Frage – und eines, das seine artigen Zöglinge reglos quittieren, ohne eine Miene zu verziehen. So ging das damals in Stuttgart zu.

Als Ernst Jünger sich im Hotel irrte

Ein anstrengendes Jahr liegt hinter ihm. Wenige
Monate ist es her, dass man ihm in der Frankfurter Paulskirche den Goethe-Preis verliehen
hat – unter ihm schon vertrauten Protesten, die er,
Verständnislosigkeit vorgebend, mit verstohlener
Freude quittiert. Ein Wegbereiter des National-
sozialismus, ein Kriegsverherrlicher sei er gewesen,
und folglich erwarten ihn an diesem Augustsams-
tag 1982 vor der Kirche Demonstranten, die ihn
mit Eiern und Tomaten bewerfen wollen. Einen
alten Soldaten und Käfersammler wie Ernst Jünger
ficht das nicht an. Er nimmt den Preis entgegen;
im Namen Goethes geehrt zu werden, scheint ihm
nur angemessen.

Ein wenig erschöpft hat ihn das Spektakel dennoch; schließlich geht er auf die neunzig zu. Lange
indes lässt sich seine Lust auf Unternehmungen
nicht bremsen: Im Jahr danach bricht er mit seiner
Frau nach Venedig auf, das ihm fernab all seiner
ignoranten Verächter ein Eintauchen in eine über-
bordende Kultur ermöglicht. Jünger besucht Mu-

seen und Kirchen, legt eine Andachtsminute am Grab Ezra Pounds ein, sinniert am Markusplatz über den Fischreichtum der Lagune und macht sich Notizen. All das Gesehene und Bedachte will festgehalten, redigiert und veröffentlicht werden. Zehn Jahre später, 1993, erscheint der dritte Teil seiner Tagebücher *Siebzig verweht*, und die Erinnerungen an seine Venedig-Reise dürfen da nicht fehlen. Einem wahrhaft sensiblen, gebildeten Diaristen gelingt es, noch so marginal scheinende Beobachtungen und Erlebnisse mit erhabener Bedeutung zu versehen. Ernst Jünger ist ein Meister dieser Kunst, und so reihen sich in seinen Tagebüchern blendende Aperçus und aufgeplusterte Banalitäten aneinander.

An einem dieser venezianischen Tage kehrt Jünger in sein Hotel zurück, das direkt an der Lagune, Riva degli Schiavoni, gelegene Gabrielli. Ein ehrwürdiger Palast aus dem 14. Jahrhundert, ein Hotel, das anfangs unter dem Namen »Sandwirth« firmierte und seit Generationen von einer Tiroler Familie geführt wird. Literarisches Renommee genießt es zudem. Walter Benjamin und Franz Kafka zählten zu den Gästen.

Es ist Abend, die Laternen beleuchten die Promenade nur spärlich, und Ernst Jünger ist, wie fast immer, tief in Gedanken versunken. Stark sind die Eindrücke, die der Tag gebracht hat, in den Gallerie dell'Accademia mit ihren Giorgiones und Tintorettos. Benommen betritt Jünger sein Hotel, verlangt vom eingeschüchterten Nachtportier Schlüssel Nummer 333 und wundert sich, als er die Tür zu seinem Zimmer öffnet: vor ihm unbekannte halb geöffnete Koffer, auf dem Tisch liegt Schmuck. Neue Gäste scheinen sich der Jünger'schen Unterkunft bemächtigt zu haben.

Jünger ist verwirrt. Ist er Opfer einer magisch-surrealen Verwandlung geworden? »Der Vorsicht halber gab ich den Schlüssel wieder ab. Draußen entdeckte ich, dass ich nicht in das Gabrielli gegangen war, sondern mich in das Danieli verirrt hatte.« So etwas kann passieren; gerade mal fünf Fußminuten trennen die beiden legendären Künstlerhotels. Immerhin weiß Jünger aus dieser Verwechslung wieder tiefgründiges Kapital zu schlagen: »Gedanke: Nur gut, dass 333 meine Glückszahl ist.« Rudolf Augstein hat Jüngers venezianisches Schlüssel-abenteuer mit einem lapidaren »How thrilling!« kommentiert. Dem ist wenig hinzuzufügen.

Wo sich Jüngers Ehefrau Liselotte, »Stierlein« genannt, in diesem Moment aufhielt – schlief sie schon im Gabrielli? –, ist von der ungemein produktiven Ernst-Jünger-Philologie bislang nicht hinreichend erforscht worden.

Als Thomas Bernhard
Preisgeld in ein Auto investierte

Sich als intellektueller Mensch offen zum Auto zu bekennen ist heute fast ein Ding der Unmöglichkeit. Zu sehr belasten die Folgen des Klimawandels die Freude am Automobil. Wer moralisch weiterhin als satisfaktionsfähig gelten möchte, steigt aufs Fahrrad oder in die U-Bahn und wagt sich allein nachts mit Tarnkappe ans Steuer eines geliehenen SUVs.

Irrig jedoch ist es anzunehmen, dass Autorinnen und Autoren generell über automobile Schwächen erhaben seien und den Verlockungen eines schnellen Sportwagens oder einer englischen Limousine stets zu widerstehen wüssten. Ein Blick in die Literaturgeschichte – nachzulesen in Ulf Geyersbachs schönem Buch *»… und so habe ich mir denn ein Auto angeschafft«. Schriftsteller und ihre Automobile* – zeigt, dass Vorlieben für schnittige Personenkraftwagen auch diese Kreise bewegten und so mancher durchaus geneigt war, tief in die Tasche zu greifen.

Erich Maria Remarque investierte die Tantiemen für *Im Westen nichts Neues* in einen Lancia, Thomas Mann sein Nobelpreisgeld in eine edle Fiat-Limousine. Bertolt Brecht soll seinen Fahrzeugen, einem österreichischen Steyr etwa, mehr Zuwendung als seinen Geliebten geschenkt haben. Hermann Hesse schließlich, der in seinem *Steppenwolf* noch zur »Hochjagd auf Automobile« aufgerufen hatte, fand später nichts dabei, sich im Mercedes durchs Tessin zu bewegen. Max Frisch legte sich einen – reparaturanfälligen – Jaguar 420 zu (der später in den Besitz von Volker Schlöndorff überging), wenngleich mit schlechtem Gewissen. Ein Angsttraum zeugt davon: »Keine Ahnung, wo mein Wagen steht, nirgends zu finden, Landschaft bei Zürich, ich schäme mich zu sagen, dass es ein Jaguar gewesen ist.« Auch sein Verleger Siegfried Unseld fuhr Jaguar, ja, es soll noch heute renommierte Literaturkritiker geben – wir nennen, um nicht Missgunst zu schüren, keine Namen –, die im Jaguar durch die Lande brausen.

Einem Vorurteil zum Trotz sind es keineswegs nur Männer, die dem Reiz von Blech und Chrom erliegen. Virginia Woolf kutschierte gern in einem Singer Senior durch Südfrankreich, und Ford-Liebhaberin Gertrude Stein diente dem Hersteller gar als Werbeikone. Die Journalistin Ma-

rion Gräfin Dönhoff fuhr als junge Frau im weißen Cabrio quer durch Europa und sorgte noch in
hohem Alter mit ihrem flotten Fahrstil für Angst
und Schrecken auf Hamburger Straßen.

Auch der junge Thomas Bernhard ist fasziniert
von eleganten Automobilen und lässt sich 1964
zu einem Spontankauf hinreißen. Ein Jahr zuvor
ist sein erster Roman *Frost* erschienen, und noch
ehe man in seiner österreichischen Heimat auf den
Autor so richtig aufmerksam wird, ereilt ihn die
Nachricht, dass ihm der vom Hamburger Verlag
Hoffmann und Campe ausgelobte Julius-Campe-
Preis zuerkannt wird. Streng genommen nicht ihm
allein, denn das Preisgeld von 15 000 Mark wird
auf drei Schultern verteilt: Auch Hubert Fichte
und Gisela Elsner widerfährt diese Ehre.

Bernhard freut sich wie ein Schneekönig. Im
fernen Norddeutschland erkennt man sein Talent,
und im Namen des Heine-Verlegers Julius Campe
ausgezeichnet zu werden ist nicht das Schlechteste,
was einem passieren kann. Hamburg ist ohnehin
ein Ort, dem er viel Sympathie entgegenbringt.
Während er später keine Gelegenheit scheuen wird,
kleinere oder größere Städte kraftvoll zu beleidi-
gen, erscheint ihm Hamburg (noch) als »schönste
aller Großstädte«.

Bernhard lässt sich anlässlich des Ereignisses in

einer Villa an der Binnenalster unterbringen, begibt sich an den Harvestehuder Weg, wo Hoffmann und Campe residiert, und wird von Verlagsleiter Egon Schramm empfangen. Dieser überreicht dem sichtlich zufriedenen Autor ein Kuvert mit 5 000 Mark und lädt ihn zum Essen ein – in den erlauchten Anglo-German Club auf der anderen Straßenseite, wo damals noch strenger Krawattenzwang herrscht und Frauen keinen Zutritt haben.

Beseelt fasst Bernhard noch auf der Zugfahrt zurück nach Wien den Entschluss, sein erstes Preisgeld auf den Kopf zu hauen, genauer: in ein ihm gemäßes Auto zu investieren. Obwohl er zuvor ausschließlich am Steuer von LKWs gesessen hat, traut er sich Gewagteres zu. Im Schaufenster eines Wiener Autohauses am Opernring sieht er einen eleganten weißen Triumph Herald mit roten Ledersitzen. Bernhard fackelt nicht lange, zumal der Wagen – welch Fügung – justament 35 000 Schilling, also 5000 Mark, kosten soll.

Binnen kürzester Zeit gehört das schicke englische Modell dem Jungdichter, und zusammen mit einer Tante bricht er umgehend zu Spritztouren auf. Eine davon führt ins istrische Lovran, wo man in der feinen Villa Eugenia nächtigt. Über tausend Kilometer hat Bernhard in wenigen Tagen bereits zurückgelegt, doch ein Ausflug nach Rijeka wird ihm und vor allem dem neuen Wagen zum Verhängnis: »Dort, wo die große Felswand vor Opatija in der Abendsonne grell aufleuchtet, bog ein Wagen von links in meine Fahrbahn ein, er krachte direkt in die Vorderseite meines Wagens und zerquetschte sie vollkommen.«

Ein Blechhaufen, ein Wrack liegt vor dem Unfallopfer, das verwundet ist, als hätte es sich die »Schädeldecke vom Kopf gerissen«. Zum Glück entwickeln sich die Dinge besser, als es zunächst den Anschein hat. Die Verletzung erweist sich als rasch heilende Platzwunde. Die Schuld am Geschehen in der istrischen Sonne trägt der Unfallgegner, ein Jugoslawe. Und wider Erwarten hat Bernhards Anwalt Erfolg: Das Auto wird ersetzt, ein Schmerzensgeld gezahlt und dazu noch eine Abfindung für die ruinierten Kleider – »in unglaublicher Höhe«. Trickreich, wie Anwälte zuweilen sind, hatte dieser angegeben, das österreichische Unfallopfer habe einen sündteuren Anzug und ebensolche Wäsche getragen – was der Wirklichkeit nicht ganz entsprach.

Bernhard, sichtlich befriedigt, legt sich umgehend einen neuen Herald zu. Der Julius-Campe-Preis pausiert für lange Zeit. Erst 2002 wird er wieder verliehen – an den Mercedes-Fahrer Martin Walser.

Als Oscar Wilde
mit der Tapete kämpfte

Wer in Paris am Boulevard Saint-Germain-des-Prés im Café Flore oder im Deux Magots einkehrt und vergebens darauf wartet, den Geist von Simone de Beauvoir oder Jean-Paul Sartre zu erspüren, begibt sich danach vielleicht über die Rue Bonaparte zur Rue des Beaux-Arts. Hier, unter der Hausnummer 13, versteckt sich eines der kleinsten 5-Sterne-Hotels von Paris, eines, das – zumindest von außen betrachtet – nichts vom pompösen Glanz anderer Nobeladressen hat, des Ritz oder des Crillon zum Beispiel.

Schon der Name dieses Juwels, das der Innenarchitekt Jacques Garcia im Jahr 2000 mit viel Marmor, Brokat, Seide, Plüsch und raffinierten Beleuchtungsarrangements ausstattete, verrät nobles Understatement: L'Hôtel. Nicht immer freilich strahlte dieser Ort eine derart erlesene Eleganz aus, und nicht immer bot er seinen Gästen besten Komfort. Ende des 19. Jahrhunderts hieß die Unterkunft Hôtel d'Alsace, galt allenfalls als viertklassige Herberge – und wurde zum letzten Wohn-, zum Sterbeort Oscar Wildes.

Im Mai 1897 war Wilde aus dem Londoner Zuchthaus entlassen worden, wo er wegen »Unzucht« zwei Jahre eingesessen hatte. Physisch und psychisch schwer angeschlagen, ging er ins Exil und nannte sich fortan Sebastian Melmoth. Im Frühjahr 1898 kommt er in das ihm gut vertraute Paris. Seine finanzielle Situation ist miserabel, sodass er ständig darauf angewiesen ist, die wenigen ihm gebliebenen Freunde um Geld anzugehen und Quartier im schäbigen Hôtel d'Alsace zu nehmen.

Finanzielle Nöte hielten Wilde jedoch nie davon ab, auf großem Fuß zu leben. Und so darf er sich glücklich schätzen, im Besitzer des Hôtel d'Alsace, Jean Dupoirier, einen Mann zu finden, der seinem insolventen Gast zum Glück sehr zugetan ist und seine Schulden übernimmt. So muss Wilde in all seinem Elend nicht auf jeglichen Luxus verzichten und bekommt nicht nur an Sonntagen die vertraute Coupe de Champagne serviert, was ihm eines seiner legendären Bonmots entlockt: »Ich sterbe über meine Verhältnisse.«

Sein Gesundheitszustand verschlechtert sich zusehends und zwingt ihn zuletzt dazu, seinen Aktionsradius auf die Boulevards und Cafés der Rive

Gauche zu beschränken. Im Herbst 1900 muss er sich einer Ohrenoperation unterziehen, von der er sich nicht mehr erholt. Ende November geht es mit ihm zu Ende, doch wie es sich für einen Dandy und Ästheten von subtilem Geschmack gehört, hat Wilde einen letzten Kampf in seinem ärmlichen Alkoven zu führen: Die Tapete ruft tiefste Abscheu in ihm hervor, und er ist nicht bereit, sich dieser Demütigung zu beugen: »Die Tapete und ich liefern uns ein tödliches Duell. Einer von uns beiden muss gehen.«

Das sollen seinem Freund und Kollegen Reginald Turner zufolge, der bis zuletzt an seinem Bett wachte, Wildes letzte Worte gewesen sein, als er am 30. November 1900 starb. Die scheußliche Tapete trug den Sieg davon – ein Schicksal, das Ästheten häufig zu erdulden haben. Allerdings: Von der Tapete ist kein Fetzen erhalten, Wildes dedizierte, dem Schönen verpflichtete Worte sind geblieben.

Heute erinnert eine Gedenktafel an den berühmtesten Gast des Hôtel, und natürlich gibt es im ersten Stock eine bei Literaturreisenden stark nachgefragte Oscar-Wilde-Suite, deren Mobiliar englischer nicht sein könnte und die mit Faksimiles und Fotografien an seinen früheren Bewohner erinnert. Auch die Tapete fällt nicht unangenehm auf. Wer glauben möchte, dass Wildes Lebenslicht in ebendiesem Gemach erlosch, mag es gerne tun. Stimmen tut es nicht.

Als Hermann Lenz
sich eine Pistole borgte

Verzweiflung steht ihm ins Gesicht geschrieben. Was tun, um diesen aggressiven Opponenten abzuwehren, der sogar nach Stuttgart fährt, um ihn in den Semesterferien aufzuschrecken? Der 25-jährige Hermann Lenz, Student der Kunstgeschichte in München und Verfasser eines kurz zuvor erschienenen Gedichtbandes, sitzt am 31. Juli 1938 in seinem Elternhaus in der Stuttgarter Birkenwaldstraße und fürchtet sich vor dem kommenden Morgen. Ein junger Mann habe nach ihm gefragt, berichtet ihm seine Schwester aufgeregt, ein furchtbarer, ungebildet wirkender Kerl mit tief liegenden Augen und sengendem Blick.

Lenz sitzt in seiner Dachstube, grübelt und ist sich mit einem Mal darüber im Klaren, dass es sich bei dem ungebetenen Gast um den zwei Jahre jüngeren Metzgersohn Franz Josef Strauß handeln muss. Mit dem liegt er seit Monaten über Kreuz, weil Lenz es wagt, der schönen Hanne Trautwein, die zusammen mit Strauß 1935 am Münchner

Maximiliansgymnasium das Abitur abgelegt hat, den Hof zu machen.

Im Kunsthistorischen Seminar der Universität München lernten sich Hanne Trautwein und Hermann Lenz 1937 kennen. Zaghaft näherten sie sich einander an und stellten beglückt fest, dass sie nicht nur in ästhetischen, sondern auch in politischen Dingen übereinstimmten. Lenz steht schon seit Anfang der Dreißigerjahre den Nationalsozialisten ablehnend gegenüber, und Hanne Trautwein weiß als sogenannte Halbjüdin, dass die Zukunft nichts Gutes für sie bereithält.

Einer freilich war und ist gegen diese Verbindung: Franz Josef Strauß, der längst selbst ein Auge auf Hanne geworfen hat und sich nicht scheut, im Trautwein'schen Elternhaus in Schwabing eine lautstarke Szene hinzulegen. In seinem 1975 erschienenen autobiographischen Roman *Neue Zeit* lässt Lenz den zum Bäckersohn Hackl mutierten Strauß ausrufen: »Meine Sekundanten habe ich schon beieinander! Ich habe mich übers Duell bei einem General erkundigt!«

Schon damals, im Januar 1938, schützt sich Lenz vor dem mit besten Münchner Beziehungen ausgestatteten Widersacher mit einer Pistole, die ihm eine Heilbronner Freundin geliehen hat. Der eigentlich friedliebende Lenz, der später stolz darauf sein wird, als Soldat im Weltkrieg keinen einzigen Schuss abgefeuert zu haben, läuft mit einer entsicherten Waffe durch München und sucht als in Duellfragen Unversierter Rat beim Dekan.

Zum Äußersten kommt es nicht, doch überwunden ist die Angelegenheit auch Monate später noch nicht. Jetzt also, im Sommer 1938, greift Lenz nach der Pistole seines Vaters und steckt sie in seine Rocktasche. Am Morgen des nächsten Tages klingelt es tatsächlich an der Tür seines Elternhauses. Der unheimliche Besucher vom Vorabend entpuppt sich als harmloser Mann auf Wohnungssuche – und hat bei Tageslicht gar keine Ähnlichkeit mit dem späteren bayerischen Ministerpräsidenten. Dieser ahnte seinerzeit wohl nichts davon, dass Hanne Trautweins Verehrer (und künftiger Mann) ihn zweimal mit einer Pistole in Schach halten wollte.

Der Ordnung halber sei gesagt, dass sich Strauß, der mit den Nazis keine gemeinsame Sache machte, stets schützend vor die »Halbjüdin« Trautwein stellte – auch nachdem er in Liebesdingen seine Felle davonschwimmen sah. Nach dem Krieg sahen sich Strauß und Lenz gelegentlich wieder, zum Beispiel, wenn es in München darum ging, den Schriftsteller mit Auszeichnungen zu bedenken. Das ausgebliebene Duell von 1938 soll dabei nie zur Sprache gekommen sein.

Als Richard Yates
zur Bombe auf Rädern wurde

Tuscaloosa, US-Bundesstaat Alabama. Keine Stadt, in der man auf Dauer leben möchte. Keine Stadt, in der man sterben möchte. Allenfalls, wenn man aus Tuscaloosa kommt und nie etwas anderes gesehen hat. Rund 80 000 Menschen wohnen dort, und regelmäßig bedrohen Tornados die Region. Immerhin beherbergt sie die University of Alabama, die 1963 für Aufsehen sorgte, als der berüchtigte Gouverneur George Wallace, eingedenk eines Wahlversprechens, die Rassentrennung aufrechtzuerhalten, zwei afroamerikanischen Studenten die Immatrikulation verwehren wollte.

Widerwillig kommt Richard Yates 1990 nach Tuscaloosa, nach »fucking Dixie«, in den ungeliebten Süden. Was bleibt ihm anderes übrig? Eine Dozentur hilft ihm erst einmal über seine permanenten Geldprobleme hinweg; seine existenzielle Not wird auch sie nicht lindern. Obwohl erst Mitte sechzig, ist Yates ein vom Verfall Gezeichneter, der sich mit Alkohol und Zigaretten systematisch zugrunde gerichtet hat. Mehrere Ehen sind gescheitert, und nichts lässt daran denken, dass dieser Mann mit dem eingefallenen Gesicht und dem struppigen Bart einer der großen amerikanischen Schriftsteller des 20. Jahrhunderts ist.

Die 1980er Jahre hat er in Boston verbracht, fernab vom Literaturbetrieb. Schon damals sind seine Kurzgeschichten und seine meisterlichen Romane *Zeiten des Aufruhrs* (1961) und *Easter Parade* (1976) vergessen. Abend für Abend sitzt er in einem irischen Pub, freut sich, wenn alte Zechkumpane aufkreuzen, und richtet sich genügsam in ärmlichen Unterkünften ein.

In Tuscaloosa wendet sich nichts zum Besseren. Die Arbeit an seinem Manuskript *Uncertain Times* kommt nicht voran, und Freunde zeigen sich entsetzt, wenn sie sehen, wie Yates haust. Wo er steht und geht, lässt er Zigarettenasche auf den Boden fallen. Der Teppich und die Möbel sind mit Brandflecken überzogen. Als Aschenbecher dient ihm eine Salatschüssel, die aufgrund ihres Fassungsvermögens nicht oft geleert werden muss.

Als seine Dozentur ausläuft, zieht er um – ein weiterer Abstieg: ein schmales Rollbett, das sich zur Couch ausklappen lässt, ein paar Möbelstücke aus dem Fundus der Heilsarmee, ein L-förmiger Schreibtisch mit Schreibmaschine, ein Klappstuhl im Wohnzimmer – mehr ist da nicht. Ein Essen-auf-Rädern-Dienst versorgt ihn.

Bleiben und sterben wollte Yates in Tuscaloosa auf keinen Fall, doch es gibt kein Entkommen. Und so ruiniert er sich endgültig, vor den Augen aller. Seiner Hinfälligkeit zum Trotz beschafft er sich für 700 Dollar ein Auto, einen rostigen Mazda aus den frühen siebziger Jahren. Mit dem fährt er durch Tuscaloosa, und der Anblick des hinter dem Lenkrad zusammengefalteten, zu einem unkonventionellen Fahrstil neigenden Yates, der mal zur Zigarette und mal zu einem Sauerstoffaufbereiter greift, zählt zu den wenigen Attraktionen im Alltag der Stadt. Eine »Bombe auf Rädern« nennt man das Gefährt. Yates ist zum Kuriosum geworden.

Sein körperlicher Zustand lässt bald das Schreiben nicht mehr zu; die letzte Manuskriptergänzung trägt das Datum vom 28. August 1992. Zweieinhalb Monate später stirbt Richard Yates, im gottverdammten Alabama, im Veteranenkrankenhaus von Birmingham.

Erst Jahre nach seinem Tod wird man ihn wiederentdecken. Über seinem Schreibtisch hing viele Jahre ein Zitat des demokratischen Präsidentschaftskandidaten Adlai Stevenson: »Die Amerikaner gehen unbewusst immer davon aus, dass jede Geschichte zu einem Happyend führen müsse.« Ein Irrglaube, an dem nicht nur viele der Yates'schen Romanfiguren zerbrechen.

Als Peter Ustinov
einen Anruf entgegennahm

Sir Peter ist bester Laune. Dass er die achtzig überschritten hat, sieht man ihm nicht an. Das weiße Haar umweht seinen markanten Schädel in wilder Unordnung, und immer wieder ziehen sich seine Augenbrauen und Mundwinkel zu einem Scherz zusammen, der meist den Hintersinn hat, sich selbst auf den Arm zu nehmen. Es ist ein kühler Herbsttag des Jahres 2002, an dem er sein neues Buch vorstellen möchte – nein, noch nicht dem Publikum, denn es wird erst ein Vierteljahr später erscheinen, sondern den Vertreterinnen und Vertretern seines Verlags.

Achtung! Vorurteile heißt dieses Buch, eine ganz eigentümliche Mischung aus Anekdoten und Reflexionen eines Kosmopoliten, der weiß, dass Menschen und Nationen oft deshalb in Streit geraten, weil sie zu wenig voneinander wissen und ihren Vorurteilen blind vertrauen. Im Handumdrehen gelingt es ihm, die erfahrenen Buchmenschen für sich einzunehmen. Stundenlang möchten sie ihm zuhören, und weil er zudem ein begnadeter Schauspieler ist, vergeht die Zeit im Nu.

Nach getaner Arbeit zieht sich Sir Peter in seine Hamburger Unterkunft zurück. Wie so oft wohnt er im besten Haus am Platz, im Hotel Vier Jahreszeiten an der Binnenalster. Genüsslich nutzt er die freie Zeit und die Mittagsstunde für einen Imbiss, für den immer gleichen Imbiss: Steak Tatar mit French Fries, die große Portion, versteht sich. Die Menschen erkennen ihn, natürlich, verzichten aber dank der hanseatisch distanzierten Atmosphäre des Hauses zum Glück darauf, um Autogramme zu bitten oder mit ihm die Auflösung von *Mord im Orient-Express* zu erörtern (ein Film, in dem er im Übrigen gar nicht mitgespielt hat).

Der Sancerre mundet vorzüglich, und mit sichtlichem Behagen sieht er dem Oberkellner zu, wie dieser vor seinen Augen das Steak Tatar zur Vollendung bringt, mit Oliven, Kapern, Worcestersauce, Cognac, Tabasco, Schalotten, Gürkchen und ein wenig Schnittlauch obendrauf.

Als er die Delikatesse verzehrt hat, zieht er sich auf sein Zimmer zurück, um ein Schläfchen zu halten. Schließlich muss er ausgeruht sein, denn sein Verlag hat keine Anstrengung gescheut, um das Buch schon vor Erscheinen zu bewerben, und

Buchhändler für den Abend eingeladen. Rund vierzig sind es, die sich in einem kleinen, eleganten Salon des Hotels einfinden. Peter Ustinov live zu erleben, das Vergnügen hat man nicht alle Tage.

Zusammen mit seinen Co-Autoren Jürgen Ritte und Harald Wieser nimmt Sir Peter auf der improvisierten Bühne Platz, gestärkt, ausgeruht und voller Vorfreude, die Anwesenden auf seine unnachahmliche Art zu erfreuen. Die Herren Ritte und Wieser stellen kluge Fragen, Sir Peter antwortet und erläutert, warum es ihm ein Anliegen ist, das Thema Vorurteile zu beleuchten. Das Publikum, das mit einem Glas Schaumwein auf den Abend eingestimmt wurde, hängt beglückt an seinen Lippen – bis mit einem Mal das insistierende Klingeln eines Mobiltelefons ertönt.

Nervös zucken einige Buchhändler zusammen, greifen hektisch in ihr Jackett oder ihre Handtasche, inständig hoffend, dass nicht sie es sind, die einen so besonderen Abend mit einer schnöden Handymelodie stören. (Man kennt diese Peinlichkeit ja zur Genüge – besonders schlimm, wenn man als Klingelton zum Beispiel Howard Carpendales *Hello again* oder das Krähen eines Hahnes programmiert hat.) Doch alle Sorgen im Auditorium sind fehl am Platz, denn das Läuten kommt zweifelsfrei von der Bühne.

Eine halbe Minute, eine lange halbe Minute vergeht, bis Sir Peter mit Unschuldsmiene registriert, dass die Störung aus seinem Tweedsakko kommt. Als handelte es sich um eine im Drehbuch festgelegte Szene, beginnt er in den Innentaschen zu kramen, zieht das ein wenig altmodisch wirkende Telefon hervor und scheint nicht sicher zu sein, wie er den Anruf entgegenzunehmen hat. Weitere Sekunden vergehen, bis er Erfolg hat und endlich freudig die Stimme seiner Gattin Hélène du Lau d'Allemans erkennt. Kurz versucht er, sie darauf hinzuweisen, dass er gerade als Hauptakteur an einer Veranstaltung teilnehme, doch bald lässt er seine Bedenken fahren.

Sir Peter und Hélène beginnen angeregt zu plaudern; einzelne Brocken sind gut zu verstehen, vor allem aber ist Sir Peters gute Laune zu spüren, sich mit der Gemahlin austauschen zu können. Ein paar Minuten dauert dieses Intermezzo, zum Vergnügen der Buchhändlerinnen und Buchhändler. Dann beendet Sir Peter das Gespräch und erklärt mit strahlend-verschmitztem Lächeln, wem er gerade seine Aufmerksamkeit geschenkt hat.

Umstandslos geht die Unterhaltung mit den Herren Ritte und Wieser weiter, als sei nichts geschehen. Was das gerade war, bleibt Sir Peters Geheimnis. Bestes Improvisationstheater oder doch ein einstudiertes Stück, in dem Madame Hélène tat, was man sie am Nachmittag geheißen hatte? Keiner traut sich, Sir Peter danach zu fragen.

Als Gertrude Stein erklärte, woran man ein gutes Buch erkennt

Zum Jardin du Luxembourg hat sie es nicht weit. Was praktisch ist, denn so muss sie nur ein paar Schritte tun, um mit ihrem Hund in der legendären Parkanlage Gassi zu gehen. Anfang des 20. Jahrhunderts kam sie nach Paris, nahm Wohnung in der Rue de Fleurus, 6. Arrondissement, linke Seine-Seite, Hausnummer 27 – anfangs zusammen mit ihrem Bruder Leo und dann mit ihrer Lebensgefährtin Alice B. Toklas. Binnen kurzer Zeit avanciert ihr Salon zum Zentrum der Avantgarde, und ihr Name – Gertrude Stein – tönt wie Donnerhall durch die Pariser Kunstwelt. Pablo Picasso, Henri Matisse, Georges Braque und Juan Gris, um nur einige zu nennen, geben sich die Klinke in die Hand.

Mit dem Ersten Weltkrieg geht ihr Salon keineswegs unter. Er erlebt in den *roaring twenties* eine neue Blüte. Berühmte und aufstrebende Schriftsteller geben ihr samstagabends die Ehre, darunter der junge Ernest Hemingway. Steins Ruhm hat viel mit ihrer beeindruckenden, eigenwilligen Persönlichkeit zu tun, ihrer markanten Erscheinung, ihrem Lebenswandel und ihrem Scharfsinn. Was sie selbst zu Papier bringt – es ist nicht gerade wenig –, genießt gleichfalls ein spektakuläres Renommee. Mit gefälligen Texten hat sie nichts im Sinn; ihr Modernismus verlangt den Leserinnen und Lesern einiges ab. Bis heute ist sie die vielleicht ungelesenste literarische Berühmtheit des 20. Jahrhunderts, von der *Autobiographie von Alice B. Toklas* (1933) vielleicht abgesehen. Wer nichts von ihr kennt, kann zumindest die enigmatische Gedichtzeile »Rose is a rose is a rose is a rose« zitieren und darüber nachdenken, was sie uns sagen möchte.

Hemingway hat ihr in seinem Buch *Paris, ein Fest fürs Leben* ein Denkmal gesetzt. Im Kapitel »Miss Stein doziert« erinnert er sich an sein Glück, von der Landsmännin wohlwollend empfangen worden zu sein. Als »sehr dick, aber nicht groß, und kräftig gebaut wie eine Bäuerin« ist sie ihm im Gedächtnis geblieben, als eine Frau, die unablassig redet und keine Mühe hat, an mehreren Konversationen gleichzeitig teilzunehmen. Mit ihren verrätselten Texten tut Hemingway sich zwar schwer, ihr selbst aber erliegt er ganz und gar, wie so viele andere. Sie kredenzt dem im Pariser

Savoir-vivre noch ungeübten Hemingway herrliche Obstschnäpse, erläutert ihm das Wesen weiblicher Homosexualität und ist, wenn es um Literatur geht, nie um ein Urteil verlegen.

Neugierig studiert sie Hemingways Prosa, lobt beispielsweise seine Kurzgeschichte *Oben in Michigan* und kommt dennoch nicht umhin, sie für »inaccrochable«, für nicht veröffentlichungswürdig zu halten: »Das heißt, sie gleicht einem Bild, das ein Maler malt und dann in keiner Ausstellung aufhängen kann und das keiner kaufen wird, weil man es bei sich zu Hause auch nicht aufhängen kann.«

Zu den jungen Talenten, die sie besonders interessieren, zählt Julien Green, 1900 als Sohn amerikanischer Eltern in Paris geboren, der schon mit Mitte zwanzig als Schriftsteller für Furore sorgt. Nach *Mont-Cinère* (1926) legt er ein Jahr später den Roman *Adrienne Mesurat* vor, dem Gertrude Stein große Sympathie entgegenbringt. Sie lädt ihn in die Rue de Fleurus ein und begrüßt ihn ohne Umschweife: »Wissen Sie, Green, ich habe Ihr Buch gelesen und freue mich sehr, dass Sie Erfolg hatten.«

Noch ehe der Gelobte darüber zu frohlocken vermag, dass sich seine berühmte Kollegin die Mühe gemacht hat, *Adrienne Mesurat* zu lesen, fährt Stein fort: »Wenn ich sage, ich habe Ihr Buch gelesen – ich habe es teilweise gelesen. Und um noch genauer zu sein: Ich habe den ersten Satz gelesen, und ich habe gesehen, dass das wirklich ein Satz ist mit einem Anfang, gut gebaut.«

Das nennt man Urteilskraft. Allein am ersten Satz hat die luzide Gertrude Stein die Qualität des Green'schen Romans erkannt. Und, tatsächlich, die Nachwelt hat diese Einschätzung bekräftigt. *Adrienne Mesurat* ist ein faszinierendes, beklemmendes Buch über eine Achtzehnjährige, die mit ihrer kränkelnden älteren Schwester Germaine und ihrem cholerischen Vater im Städtchen La Tour-l'Évêque lebt, tief in der französischen Provinz. Adriennes Leben ist von lähmender Monotonie geprägt, und selbst als Greens Heldin aus ihrem »Kerker« ausbricht und ihren Vater eine Treppe hinabstößt, bleibt sie eine vom Glück Ausgeschlossene.

Dem Diktum Gertrude Steins, dass man die Güte eines Textes am allerersten Satz erkenne, sind viele gefolgt, darunter überforderte Lektorinnen und Lektoren, die hoffen, mit einem Erster-Satz-Urteil die Manuskriptstöße in ihren Büros schneller abarbeiten zu können. Auch hier hat »Miss Stein« Maßstäbe gesetzt.

Ach ja, der erste Satz in *Adrienne Mesurat* lautet übrigens im Original: »Debout, les mains derrière le dos, Adrienne regardait le *cimetière*.« Und in Elisabeth Edls Übersetzung: »Aufrecht, die Hände hinter dem Rücken, stand Adrienne da und betrachtete den *Friedhof*.«

Als Rudolph Beck-Dülmen
ins Rotlichtmilieu geriet

Er zählt zu den großen Vergessenen der deutschen Geistesgeschichte, zu den zu Unrecht Vergessenen des 20. Jahrhunderts. Zum Glück mehren sich die Anzeichen, dass sich allmählich deutlicher herauskristallisiert, welches Universalgenie da zu entdecken ist. Gerüchten zufolge wird in einem für seine Editionen gerühmten Göttinger Verlagshaus an einer kommentierten vielbändigen Werkausgabe gearbeitet.

Die Rede ist von Rudolph Beck-Dülmen, dem schwäbischen Mediziner, Philosophen, Komponisten und Lyriker, der 1885 vermutlich in Stuttgart-Zuffenhausen geboren wurde und im März 1956 vereinsamt in Stuttgart-Kaltental starb, nachdem ihn eine letzte Liebe zu der jungen Harfenistin Fee von Clausener seelisch gebrochen hatte. Zu seinen Veröffentlichungen zählen die impressionistisch angehauchten Gedichtsammlungen *Herbstlaub* (1905), *Gesänge des Zweifels* (1914), die monumentale Abhandlung *Schwei-*

gen und Sprache (1928), die kraftvolle Goethe-Romanbiographie *Der trübe Gast* (1932) und eine Vielzahl von Aphorismen, Essays und Prosastücken, die Tradition und Avantgarde mustergültig miteinander verschränken.

Beck-Dülmen, der in der Nazizeit die innere Emigration wählte, stand in engem Kontakt mit Geistesgrößen unterschiedlichster Provenienz. Max Weber, Franz Kafka, Magnus Hirschfeld, Rudolf Steiner, Gottfried Benn oder Sepp Herberger waren ihm nahe, und erst in den 1980er Jahren begann man, diesen Spuren nachzugehen. Walter Jens sprach davon, dass das »Totschweigen« dieses sperrigen Denkers, der Poststrukturalismus und Dechiffrismus gleichsam vorwegnahm, endlich ein Ende haben müsse. Als sich in Jugoslawien und Belgien dekonstruktivistisch orientierte Beck-Dülmen-Schulen etablierten und Dieter Käfer 1985 im Drumlin Verlag die Biographie *Denker in dunkler Zeit* veröffentlichte, schien es, als sei Beck-Dülmens Zeit gekommen. Neuere Archivfunde zeigen übrigens, dass Beck-Dülmen kurz vor seinem Tod mit Albert Camus in Verbindung trat und an einer schwäbischen Versübertragung des *Fremden* arbeitete.

Beck-Dülmen war ein komplizierter Mensch, der es sich und seiner Umgebung nicht leicht machte. Seine staunenswerte Schaffenskraft verdankte sich einer finanziellen Unabhängigkeit, die ihm lange Zeit ersparte, sich in einem Brotberuf zu erniedrigen. Am Weihnachtsabend 1926 starb sein Vater Heinrich, ein betuchter Bankdirektor, der seinen Söhnen Rudolph und Wilhelm ein erhebliches Vermögen hinterließ.

Bei der Testamentseröffnung am 28. Dezember 1926 ist Rudolph überrascht und erleichtert. Doch in seine Freude mischt sich alsbald Groll über Bruder Wilhelm, einen Hallodri und Lebemann, der sich anschickt, das väterliche Erbe auf den Kopf zu hauen. Gerüchte kursieren, dass Wilhelm sein Geld am Roulettetisch verprasse und Spielschulden anhäufe. Gegen sein Naturell engagiert Beck-Dülmen einen Privatdetektiv, der die schlimmsten Befürchtungen bestätigt.

Anfang Januar 1927, gleich nach der Trauerfeier für den Vater, folgt Beck-Dülmen dem jüngeren Bruder heimlich und muss im Baden-Badener Spielcasino mit ansehen, wie der dort als Stammgast hofierte Wilhelm binnen kürzester Zeit 1000 Goldmark verspielt. Von einem nicht zu bremsenden Furor gepackt, treibt Beck-Dülmen den Spielsüchtigen aus dem Saal und traktiert ihn mit Fausthieben. Auf dem verschneiten Vorplatz kommt es zu einer heftigen Auseinandersetzung, in deren Verlauf, so Dieter Käfer, Wilhelm seinen rechtschaffenen Bruder einen unverbesserlichen Moralisten nennt.

Wie sich in Rudolph Beck-Dülmens Tagebuch nachlesen lässt, nagt dieser Vorwurf schwer an ihm. In einem hilflosen Versuch, diesen zu entkräften, lässt er sich überreden, in ein Taxi zu steigen, das die beiden zu einem »eher unscheinbar und sachlich wirkenden Haus« fährt. Wilhelm, in zwielichtigen Kreisen zu Hause, ordert Champagner und überlässt den verwirrten Rudolph »vom Rotlicht in eine geradezu glühende Fluoreszenz getauchten Damen«. Was genau in dieser Baden-Badener Nacht geschah und wie Beck-Dülmen den Moralismus-Verdacht zu widerlegen versuchte, liegt im Nebel des Ungewissen. Klar ist, dass Beck-Dülmen auf dieses »Bocksberg-Erlebnis«, wie er die Rotlichtstunden für sich nannte, rigoros reagierte. Dem Bruder muss Einhalt geboten werden!

Aus Angst, dass der vergnügungssüchtige Wilhelm auch vor Rudolphs Erbteil nicht Halt machen würde und Rudolph womöglich für seine Schulden aufzukommen habe, entschließt er sich trotz erheblicher Gewissensbisse, die Enterbung Wilhelms voranzutreiben und den Anwalt Dr. Bäuerle hinzuziehen. Was folgt, markiert einen Tiefpunkt in Beck-Dülmens bewegter Biographie. Nach unwürdigen Auseinandersetzungen vor Gericht wird Wilhelm enterbt und flieht, von Rudolph mit einem Schiffsticket ausgestattet, nach Amerika. Unbestätigten Berichten zufolge soll Wilhelm in Las Vegas sein Glück gesucht haben.

Rudolph Beck-Dülmen geht aus dieser quälenden Affäre zwar als reicher, doch auch als ein mit sich ringender Mann hervor, der sich selbst mit Vorwürfen geißelt. In seiner Heimat hält es den haltlos Gewordenen nicht mehr. Am 3. September 1927 ersteht er einen 130 PS starken Mercedes-Benz und begibt sich auf eine lange Italien-Reise, von der er, wie er Arnold Schönberg schreibt, als »neuer Mensch« zurückzukehren gedenkt.

Als Friedrich Dürrenmatt zündelte

Zufrieden sitzt er an seinem Schreibtisch im westschweizerischen Neuenburg, zufrieden darüber, dass er an diesem 19. April 1989 soeben seinen Roman *Durcheinandertal* vollendet hat. Friedrich Dürrenmatt reibt sich die Hände, weiß, dass er mit diesem tollkühnen Buch der Leserschaft und der Kritik mal wieder eine harte Nuss mit auf den Weg gegeben hat.

Ein wahrhaft furioses Ensemble von dubiosen Figuren hat er sich ausgedacht, kriminelle Gestalten, die zur Winterzeit in einem Nobelhotel allerlei Unheil anrichten. Zum Ärger der Dorfbevölkerung, die mithilfe der Feuerwehr dem Spuk ein Ende bereitet und das Hotel in Schutt und Asche legt: »Das Kurhaus begann in sich zusammenzubrechen, die Bauern und Weiber stoben auseinander, Lustenwyler, der Polizist, raste in einem Jeep herbei, aber offenbar stockbetrunken, war er über das Steuer gesunken und fuhr durch das Portal, das über ihm zusammenstürzte, und die Dependance, von der Feuerglut erfasst, die sie durch den unterirdischen Verbindungsgang ansog, loderte auf, eine einzige Flamme.«

Als Vorbild für dieses Kurhaus diente Dürrenmatt in erster Linie das 1897 eröffnete Grandhotel Waldhaus im Unterengadiner Vulpera. Der mit allen Schikanen ausgestattete Prachtbau beherbergte über Jahrzehnte hinweg namhafte Künstler, Wissenschaftler, Politiker, indische Fürstinnen und niederländische Königinnen, die sowohl nach Champagner als auch nach dem Linderung versprechenden Heilwasser des Ortes lechzten. Dürrenmatt besuchte das Waldhaus erstmals 1957. Mehrfach kehrte er zurück, auch in Begleitung seines Kollegen Max Frisch; im Spätsommer 1959 weilte er ganze vier Wochen – ohne Erfolg – im Waldhaus zur Kur.

Im Frühjahr 1989 jedoch wartet er auf die Publikation von *Durcheinandertal*, die sein Hausverlag Diogenes für den Herbst vorsieht – nicht ahnend, dass die Wirklichkeit geneigt ist, sich die fiktionale Zündelei zu eigen zu machen. Wenige Wochen später, genauer: am 27. Mai 1989, geschieht das Unglaubliche, sieht alles danach aus, als sei Dürrenmatts Prosa, noch ehe sie das Licht der Öffentlichkeit erblickt, unheilvolle Realität geworden: Trotz sofortigen Eingreifens der um 5 Uhr alarmierten Feuerwehr brennt das teilweise unter

Denkmalschutz stehende Waldhaus vollständig aus. Die Gebäudeversicherung Graubünden resümiert in ihrem Jahresbericht lapidar: »Totalschaden Hotel Waldhaus (Brandstiftung), Schadenssumme: 23 Mio. Fr.«

Die Täter werden nie gefasst; an einen Wiederaufbau ist nicht zu denken. Als Dürrenmatt von der Katastrophe hört, eilt er zusammen mit seiner Frau Charlotte Kerr – »wie ein Täter, der einem inneren Zwang folgend an den Ort der Tat zurückkehrt« (Ulrich Weber) – nach Vulpera, um sich das Desaster anzusehen. Sein Fazit fällt beklemmend und nüchtern aus: »Wir betraten die Ruine durch einen Nebeneingang. In der eingestürzten Halle ein nacktes Eisengebälk, rot, ausgeglüht, welches die Decke getragen hatte, überall Schutt, die breite Treppe, zum Teil unversehrt, führte ins Leere hinauf, ein Gewirr verbogener Leitungsrohre, Radiatoren, durch einen eingebrochenen Fußboden ahnte man im Keller ein Durcheinander von Eisenstangen und zerborstenen Kesseln. Das Waldhaus hatte seinen Dienst getan.«

Ganz in sich versunken verlässt Dürrenmatt das Engadin. So viel Wirkmächtigkeit hätte er – mag er, Charlottes Blick meidend, heimlich denken – seinem Spätwerk gar nicht zugetraut. *Durcheinandertal* wird sein letzter Roman bleiben.

Als Hans Christian Andersen
Charles Dickens besuchte

Als sich der aus ärmlichsten Verhältnissen stammende Hans Christian Andersen 1819 im Alter von vierzehn Jahren unerschrocken in die große Stadt, nach Kopenhagen, aufmacht, hat er »kaum zehn Taler« in der Tasche. Trotzdem steht für den selbstbewussten jungen Mann fest, dass er zu Künstlerischem berufen ist. Er will als Schauspieler und Tänzer reüssieren und lässt sich von niemandem abschütteln.

Immerhin, seine Hartnäckigkeit wird belohnt, wenngleich niemand ahnt, dass dieser Junge aus Odense Dänemarks berühmtester Dichter werden sollte. Selbst im Erfolg bleibt er jedoch ein Außenseiter, dessen »lange, schlottrige, lemurenhaft-eingeknickte Gestalt mit einem ausnehmend hässlichen Gesicht« (Friedrich Hebbel) viele abschreckt. Hinzu kommt, dass er regelmäßig mit seinem – sagen wir – unkonventionellen Verhalten bei gesellschaftlichen Anlässen aneckt. Wer sein berühmtes Märchen vom hässlichen Entlein liest, spürt die erfahrenen Verletzungen und die späte Genugtuung hautnah.

Andersen bleibt Junggeselle. Er unternimmt rund dreißig Reisen, die ihn bis nach Kleinasien führen, und sieht nie die Notwendigkeit, einen eigenen Hausstand zu gründen. Er wechselt mehrfach seine Bleiben, steigt in Hotels ab, und als er als Mann von einundsechzig Jahren genötigt wird, ein »eigenes Bett« anzuschaffen, sieht er darin eine Zumutung: »Das macht mir Angst!«

Eine seiner Reisen führt ihn nach England, wo er Charles Dickens die Aufwartung macht, einem Kollegen, den er tief verehrt und für den größten Dichter der Zeit hält. 1847 lernen sich die beiden kennen, und als Dickens ihm kurz darauf schreibt, fühlt sich Andersen ermutigt und beginnt eine Korrespondenz, die Letzterer deutlich engagierter als Ersterer führt.

1856 schließlich begeht Dickens einen kapitalen Fehler und bietet seinem Briefpartner – offensichtlich aus reiner Höflichkeit – an, ihn zu besuchen, wenn er einmal in der Gegend sei. Aus der locker dahingesagten Einladung wird bitterer Ernst, denn im Frühjahr 1857 kündigt Andersen seinen Besuch an und fährt alsbald in Dickens' Landsitz Gad's Hill Place in Higham, Kent, vor. Allenfalls vierzehn Tage soll der Aufenthalt dauern, der für Dickens und Familie schier kein Ende nehmen will.

Tilman Spreckelsen hat die Anstrengung, die der kapriziöse Besucher Dickens kostete, anschaulich festgehalten: »Der Gast blieb, wo er war, beschwerte sich über sein kühles Zimmer und dass ihn keiner der Söhne des Hauses rasierte, wie es in Dänemark üblich sei. Er pflückte Blumensträuße im Wald und zerschnitt Papier zu den kleinen Bildchen, für die er berühmt war. Kam ihm eine kritische Rezension eines seiner Werke zu Gesicht, warf er sich weinend auf den Boden. Vor allem aber verlangte er nach Aufmerksamkeit.«

Wie nicht anders zu erwarten, verlängert Andersen seinen Kent-Aufenthalt um drei Wochen, ohne Rücksicht darauf zu nehmen, dass Dickens viel um die Ohren hat. Dieser – durchaus mit einem Hang zur Bösartigkeit ausgestattet – lästert in Briefen über den unberechenbaren Gast. Genüsslich erzählt er, dass der sich vor Raubüberfällen fürchtende Andersen bei einer Droschkenfahrt sicherheitshalber sein Hab und Gut in seinen Stiefeln versteckt habe: ein Notizbuch, eine Schere, ein Taschenmesser, zwei Bücher. Dass diese Aktion dem ängstlichen Andersen Hühneraugen eintrug, vergisst Dickens nicht zu erwähnen.

Dessen Leiden an seinem unerwünschten Kollegen ging so weit, dass er sich über Andersens Sprachkompetenzen lustig machte. Französisch spreche er wie ein Wolfskind und Englisch wie ein Taubstummer. Ja, selbst mit seiner Muttersprache stehe er auf Kriegsfuß ...

Als Andersen, der schließlich zu spüren scheint, dass er nicht mehr gern gesehen ist, abreist, notiert Dickens auf dem Spiegel des Gästezimmers seine Gefühle: »Hans Andersen schlief fünf Wochen in diesem Zimmer. Der Familie kam es vor wie eine Ewigkeit.«

Als James Joyce und
Marcel Proust Taxi fuhren

Anekdoten über berühmte Persönlichkeiten sind umso schöner, je mehr Variationen es von ihnen gibt. Wird eine Geschichte über Jahre hinweg wieder und wieder nacherzählt, verwandelt sie sich gern in eine *urban legend*, deren Wahrheitsgehalt irgendwann nicht mehr eindeutig zu bestimmen ist. Solches geschieht vor allem dann, wenn die Akteure keine No-Names sind und ihr Zusammentreffen von großer Brisanz ist.

Kein Wunder also, dass Literaturinteressierte von derartigen Gipfeltreffen nicht genug bekommen können und nach immer neuen Versionen lechzen. Im Mai 1922, genauer: am 18. Mai 1922, einem Donnerstag, kommt es zu einer dieser Begegnungen, die der Spekulation Tür und Tor öffnen. Der englische Kunstmäzen Sydney Schiff und seine Frau Violet laden zu einem späten, musikalisch umrahmten Abendessen ins Pariser Hôtel Majestic an der Avenue Kléber. Anlass ist Sergei Djagilews Ballett-Adaption von Igor Strawinskys

Reineke Fuchs. Schiff hat dafür – zu nachmitter-
nächtlicher Stunde – einen Salon im Majestic an-
gemietet, in dem sich neben Djagilew, Strawinsky
und den Tänzern Bronislawa Nijinska und Stanis-
las Idzikowski auch Pablo Picasso einfindet. Und
Marcel Proust, der nur noch wenige Monate zu
leben hat. Dieser ahnt nichts davon, dass ihm eine
Begegnung mit einem anderen Großmeister der
literarischen Moderne bevorsteht, mit dem Iren
James Joyce, dessen *Ulysses* Anfang Februar 1922
in Buchform erschienen ist.

Proust und Joyce, die Giganten des modernen
Romans, erstmals im Gespräch miteinander! Was
das für ein intellektuelles Feuerwerk verspricht!
Und weil das Treffen dann so ganz anders verlief,
mangelt es nicht an unterschiedlichen Fassungen
dieser Unterhaltung. Proust-Biographen wie Jean-
Yves Tadié, William C. Carter, Ghislain de Dies-
bach oder Ronald Hayman sind sich recht einig
in der Chronologie der Ereignisse, wohingegen
sich Joyce-Biograph Richard Ellmann auf andere
Quellen stützt und somit Abweichendes zu erzählen hat. Doch der Reihe nach.

Joyce trifft recht spät ein, fühlt sich nicht angemessen gekleidet und deswegen unwohl. In rascher Folge nimmt er alkoholische Getränke zu
sich, als sich die Tür öffnet und Proust im Leder-

mantel eintritt. Beide haben das Essen verpasst; es ist bereits nach zwei Uhr nachts. Proust nimmt zwischen Schiff und Strawinsky Platz. Den angetrunkenen, beinahe vom Schlaf übermannten Joyce zieht es zu Proust, doch die Unterhaltung kommt nicht in Gang. Beide sind mit dem Werk ihres Gegenübers nicht vertraut; ja, Joyce soll in dem Wenigen, was er von Prousts *Auf der Suche nach der verlorenen Zeit* kannte, kein besonderes Talent entdeckt haben.

Worüber sie reden? Spricht Joyce, wie später gesagt wird, vor allem über seine Kopfschmerzen, während Proust über seine schlechte Verdauung klagt? Will Proust ausgerechnet von Joyce etwas über irgendwelche Herzoginnen in Erfahrung bringen? Beschränken sich die Antworten, die sich die beiden geben, auf ein »No(n)«? Oder erklärt man einander lediglich, dass man das Werk des anderen nicht kenne?

Niemand weiß Genaues. Immerhin scheint gesichert, dass Proust bald genug hat, seinen Fahrer Odilon Albaret, Ehemann von Haushälterin Céleste, kommen lässt und sich freundlicherweise anbietet, die Schiffs und Joyce mitzunehmen. Was die Sache nicht besser macht. Denn kaum sitzen die Großschriftsteller im Fond des Gefährts, kurbelt Joyce das Fenster herunter und will sich eine

86

Zigarette anzünden – was den Asthmatiker Proust in höchste Erregung versetzt. Sydney Schiff greift ein. Joyce wirft seine Kippe indigniert auf die Straße. Und Schiff, der um Prousts Angst vor Zugluft weiß, schließt umgehend das Fenster.

Proust hat nun endgültig genug von Joyce. Geschickt arrangiert er es, dass man ihn vor seiner nahe gelegenen Wohnung in der Rue Hamelin aussteigen lässt und Odilon Albaret den ungehobelten irischen Kollegen in dessen Unterkunft geleitet. Wiedersehen sollten sich die beiden nicht.

Die dürftige Substanz dieser Begegnung hat, wie gesagt, dazu eingeladen, sich die Szenerie immer wieder neu auszumalen. Alain de Botton geht in seinem Buch *Wie Proust Ihr Leben verändern kann* (1997) sogar so weit, das Geschehen ins Ritz zu verlagern – definitiv ein Irrtum, denn dort waren musikalische Darbietungen nach Mitternacht unerwünscht. Der englische Historiker Richard Davenport-Hines ließ es sich 2006 schließlich nicht nehmen, der Angelegenheit ein ganzes Buch zu widmen, *A Night at the Majestic. Proust and The Great Modernist Dinner Party*, das in den USA unter dem Titel *Proust at the Majestic. The Last Days of the Author Whose Book Changed Paris* erschien. Während sich Davenport-Hines in zahllosen Details ergeht, beschreitet der Philosoph Hans Blumenberg kürzere Wege, um zur Quintessenz der Zusammenkunft zu gelangen. In *Die Sorge geht über den Fluss* entscheidet er sich für eine Version, die aus Arthur Powers *Conversations with James Joyce* stammt: »Proust fragte: ›Essen Sie gern Trüffel?‹ Er war sicher kein Risiko eingegangen; Céleste hatte Erkundigungen eingezogen. Joyce antwortete dann aufs Schlichteste: ›Ja, ich esse sie sehr gern.‹ Das war es.«

Keine üble Anekdote. Vor allem, wenn man es wie Hans Blumenberg versteht, die Beweggründe einer solchen vermeintlich simplen Unterredung herauszuarbeiten: »So ist, von höherem Standpunkt her betrachtet, Prousts Vergewisserung gemeinsamer Trüffelneigung die delikate Vermeidung gegenseitiger Ansprüche aufs Ungewöhnliche: Einigkeit in einem so exquisiten Punkt ersparte jede andere.«

Als Imre Kertész
einen Klassiker schuf

Es ist vollbracht. Nobelpreisträger Imre Kertész hat Ende Oktober 2006 im Rolf-Liebermann-Studio des Norddeutschen Rundfunks in Hamburg sein neues Buch *Dossier K. Eine Ermittlung* vorgestellt, mit dem Journalisten Wend Kässens ein Gespräch darüber geführt und danach seine Signierpflichten anstandslos erfüllt. Lesungen vor einem großen Auditorium sind anstrengend, selbst wenn man wie Kertész solches Interesse gewöhnt ist, und so freut sich der Autor auf den anschließenden Besuch eines italienischen Restaurants, den ihm die Veranstalter geschickterweise im Vorfeld in Aussicht stellten.

Mit dem Taxi ist man in wenigen Minuten in der Badestraße/Ecke Mittelweg, in der gediegenen Osteria Due. Wo sich tagsüber die gepflegte Schickeria – Anwälte, Journalistinnen, Verleger, TV-Gesichter – trifft und wo man glücklich ist, Roger Willemsen als Stammgast begrüßen zu dürfen, leeren sich gegen 22 Uhr die Tische allmählich.

Imre Kertész ist froh, den Tag in nicht zu großer Runde auf diese Weise zu beschließen. Man ordert Wein, spricht über dies und jenes, tunlichst nicht über Literarisches und Ästhetisches, denn das langweilt die allermeisten Autoren nach getaner Arbeit. Kertész bestellt Fisch, ich entscheide mich für eine der Spezialitäten des Hauses, Spaghetti mit Scampi und Chili.

Ein zwangloser Ausklang, ohne besondere Vorkommnisse, so könnte man denken ... wenn nicht, ja, wenn nicht der Veranstalter, während der Espresso gereicht wird, in seine Tasche greifen und das Gästebuch zücken würde. Schön wäre es, säuselt er dem berühmten Autor ins Ohr, wenn dieser sich mit einem kleinen Beitrag verewigen würde, zur Erinnerung an ...

Imre Kertész lässt sich nicht so leicht aus der Ruhe bringen. Sein Blick verdüstert sich ein wenig, fast unmerklich, doch dem freundlich vorgetragenen Ansinnen zu widersprechen liegt ihm fern. Er weiß, dass es in vielen Buchhandlungen und Literaturhäusern Usus ist, ein Gästebuch zu führen – sei es, um das Lesungsprogramm zu dokumentieren, sei es, um Dichterautographen bei Ebay zu verhökern.

Dass so ein Gästebuch ein Fluch sei, ist ein oft zitiertes Bonmot. Zu vorgerückter Stunde originelle Zeilen zu Papier zu bringen und sich dabei noch beobachtet zu wissen ist nicht nach jedermanns Geschmack. Manche Schriftsteller resignieren folglich und hinterlassen, sich halbherzig entschuldigend, ein hilflos-lapidares »Ein schöner Abend, danke!« oder »Herzlich Ihr …«, ahnend, dass sie damit weit unter ihrem Niveau bleiben.

Beliebt auch die postmoderne Notlösung, sich im Gästebuch mit einem »Nach langem vergeblichen Nachdenken …« zu behelfen. Wer als Erster auf diesen Gedanken kam, lässt sich übrigens nicht mit Sicherheit sagen. Man munkelt, dass es ein Österreicher – Josef Weinheber? Stefan Zweig? – war. Meine Recherchen sind noch nicht abgeschlossen. Selbst Sigrid Löffler konnte mir nicht weiterhelfen.

Kertész grübelt nicht lange an diesem Abend. Gewiss, ein Nobelpreis erzeugt Erwartungsdruck, doch er weiß damit umzugehen und landet an diesem Abend einen wahrhaftigen Wurf. Kertész' wegweisender Gästebucheintrag vom 25. Oktober 2006 lautet: »Der Zander war sehr gut!« Welch berührende Schlichtheit, welch Grandezza – keine Frage: Hier war ein großer Autor am Werk.

Kertész schlägt das Gästebuch befriedigt zu, nippt noch einmal am Wein und weiß – ein leises Lächeln deutet es an –, dass ihm Bedeutendes gelungen ist.

PS: Das voluminöseste mir bekannte Gästebuch leistet sich übrigens das Literaturhaus Stuttgart. Eingeführt von seinem ersten Leiter Florian Höllerer, stammt aus der Werkstatt einer Hamburger Edelpapeterie, hat höchst unförmige Ausmaße und liegt, wenn überhaupt, recht schwer in der Hand. Höllerers Nachfolgerin Stefanie Stegmann hält klaglos daran fest.

Als Mark Twain
die Cartwrights kennenlernte

Juli 1862: Der aus Missouri stammende Samuel Clemens ist seinem Bruder nach Nevada gefolgt und kommt – nachdem seinen Bemühungen, als Goldgräber reich zu werden, kein Erfolg beschieden war – nach Virginia City. Er erkennt, dass seine Qualitäten auf anderem Terrain liegen, und verdingt sich als Journalist – für zwanzig Dollar die Woche – bei der führenden Tageszeitung, dem *Territorial Enterprise*. Die neu gegründete Stadt schwelgt im Silber- und Goldrausch. Der Bergbau und seine Arbeiter bestimmen das Stadtbild; bis zu einhundert Saloons soll es zu dieser Zeit in Virginia City gegeben haben, um den Whiskydurst der Bevölkerung zu stillen.

Sam Clemens, der seine Artikel mit »Josh« zeichnet, macht sich rasch einen Namen, denn seine humoristischen Texte, die es mit der Wahrheit nicht sehr genau nehmen, sorgen für Gesprächsstoff und schrecken nicht davor zurück, die Strippenzieher der Stadt anzugehen. Der Zufall will – und hier gleiten wir, was zu Clemens gut passt, sanft ins Feld der Fiktion –, dass sich unweit von Virginia City die Ponderosa Ranch befindet. Während über deren Größe – 1000, 2000 oder gar 4000 km²? – keine gesicherten Angaben vorliegen, steht außer Frage, dass sie den Cartwrights gehört.

Ja, die Cartwrights, jedes Kind, das in den 1960er und 1970er Jahren aufwuchs, kennt die legendäre Familie aus der Serie *Bonanza*, anfangs bestehend aus Vater Ben Cartwright (dessen deutsche Stimme, Friedrich Schütter, nie aus meinem akustischen Gedächtnis verschwinden wird) und seinen drei Söhnen Adam, Hoss und Little Joe. Gute Menschen sind die Cartwrights allesamt, die über Reichtum und moralisches Bewusstsein verfügen. Grundiert wird das Ranchleben von den schweren Schicksalsschlägen, die Vater Ben einst erlitt: Alle drei Frauen seines Lebens, die Mütter seiner properen Söhne, verstarben früh, die Ponderosa ist also eine reine Männerwirtschaft. Auch um die Küche kümmert sich ein Mann, der famose, dauererregte Hop Sing. Ab und zu erleben die Söhne zwar amouröse Abenteuer, doch klar ist in jedem Fall, dass daraus nie etwas Festes wird.

Zur Spezialität dieser Western-Serie gehörte, dass etliche Folgen ganz ohne Revolverschüsse und Gewehrsalven auskamen und gelegentlich historisch verbürgten Personen eine Bühne gaben. Kein Wunder also, dass die Drehbuchschreiber auch auf Sam Clemens' Anwesenheit in Virginia City zurückgriffen. Gleich in drei Episoden hat er einen Auftritt: in *Enter Mark Twain* (1959; dt. Erstausstrahlung 1991 als *Mark Twain und die Cartwrights*), *The Emperor Norton* (1962; dt. 1966 als *Der Kaiser von Amerika*) und *The 26th Grave* (1972; dt. 1977 als *Mark Twain in Virginia City*).

In *Mark Twain und die Cartwrights* lernt der Ponderosa-Clan den Neuankömmling Clemens, gespielt von Howard Duff, kennen. Man findet einander sympathisch, und auch moralisch zieht man an einem Strang. Denn zu Clemens' ersten journalistischen Aktivitäten gehört es, dem korrupten Richter Billinger auf die Finger zu schauen und gegen seine Wiederwahl anzuschreiben. Die Nebenhandlungen dieser Episode können wir getrost außer Acht lassen; entscheidend ist, dass inmitten der Kämpfe gegen Billinger und seine üblen Gefolgsleute, die den Cartwrights Land wegnehmen wollen, Sam Clemens – »a good newspaper man«, wie Ben Cartwright erkennt – eine Art Erweckungserlebnis hat: Mit »Josh« als Pseudonym lässt sich – das geht ihm auf, während die Kugeln durch die Redaktionsräume sausen – kein Staat machen, und so erinnert er sich nostalgisch bewegt an seine Jugend am Mississippi und an einen Ruf der Flussschiffer. »Mark Twain«, vermeldeten diese einst, was »zwei Faden Wassertiefe« bedeutete. Ein neuer Künstlername ist geboren, derjenige, unter dem Sam Clemens Weltruhm erlangen wird.

Twain bleibt nur wenige Jahre in Virginia City, doch die Freundschaft mit den Cartwrights hat Bestand. In *Der Kaiser von Amerika* kehrt er, merklich gealtert und nun von William Challee gespielt, als Zeuge vor Gericht zurück. In *Mark Twain in Virginia City* wird er wegen Verleumdung angeklagt und hat einen alten Mordfall aufzuklären. In der Rolle des Journalisten ist diesmal Ken Howard zu sehen; vorangestellt sind der Episode diese Twain'schen Zeilen: »The first twenty-six graves in the Virginia City cemetery were occupied by murdered men.«

Jahre nach seiner Zeit in Nevada bereiste Mark Twain Europa und kam dankenswerterweise 1878 in meine Geburtsstadt Heilbronn am Neckar. In *Bummel durch Europa* lässt sich nachlesen, wie er dort in einem Hotelzimmer mit der eisernen Faust des Götz von Berlichingen kämpfte. Den Neckar fand er weniger beeindruckend als den Mississippi. Er sei »an vielen Stellen so schmal, dass man einen Hund hinüberwerfen« könne, »falls man einen« habe.

Eine Folge *Mark Twain in Heilbronn* wurde aus nachvollziehbaren Gründen bislang nicht gedreht. Vielleicht wäre das ein Projekt für einen jungen schwäbischen Filmemacher? Schließlich ist Virginia City heute nur mehr eine von Touristen aufgesuchte Geisterstadt, während Heilbronns Stern heller leuchtet denn je.

Als Siegfried Unseld
ein Geburtstagsgeschenk vergaß

Verleger sind Kummer gewohnt. Geht es ihnen nur um schnöde Rendite, gelten sie in Literaturzirkeln wenig, haben sie nur Augen für die schöne, hehre Kunst, spricht die Jahresbilanz oft eine ernüchternde Sprache. Autoren sind bis heute auf kluge, geschäftstüchtige Verlegerfiguren angewiesen. Bleiben die Absatzerfolge aus, greifen Erstere rasch zu Schuldzuweisungen und werfen ihren Verlegern vor, wie Kurt Tucholsky (in *Schloss Gripsholm*), »auf Samt zu saufen«, während man selbst »auf harten Bänken dünnes Bier« schlucke.

Siegfried Unseld, eine der prägenden Verlegergestalten des 20. Jahrhunderts, bewegte sich auf diesem Eis jahrzehntelang mit stupender Sicherheit und Eleganz. 1959 übernahm er als Mann von Mitte dreißig den Suhrkamp Verlag und schickte sich sofort an, aller Welt zu beweisen, dass er die Fußstapfen Peter Suhrkamps auszufüllen vermochte. Er führte den Verlag in der akademischen und literarischen Welt zu höchster Anerkennung –

die vielbeschworene Suhrkamp-Kultur war nicht zuletzt eine Unseld-Kultur.

Unseld war ein arbeitswütiger Mann, ein Schwimmer, ein »homme à femmes«, der es vor allem verstand, männliche Autoren an den Verlag zu binden. Sein Pensum war immens, musste immens sein, um all den Star- und Großautoren seines Hauses gerecht zu werden. Wer beispielsweise Unselds Briefwechsel mit Thomas Bernhard oder Peter Handke liest, schlägt sich nach kurzer Zeit auf die Seite des Verlegers. Denn allein diese beiden – einander in scheinbarer Nichtbeachtung verbunden – lassen keine Gelegenheit aus, ihren Verleger zu quälen, zu schikanieren und ihm permanent Missachtung oder Betrug vorzuwerfen.

Bedenkt man, dass sich Unseld zur selben Zeit um nicht minder betreuungsintensive Schriftsteller wie Uwe Johnson, Hans Magnus Enzensberger oder Martin Walser zu kümmern hatte, ist klar, dass seine Arbeitstage Spaziergänge auf der Rasierklinge waren. Auch ein Max Frisch zählte zu diesen Diven und brachte Unseld regelmäßig zur Verzweiflung. Mit seinen Theaterstücken, Romanen und Tagebüchern hatte sich Frisch nicht nur im deutschsprachigen Raum hohes Renommee erworben und sonnte sich ausgiebig in seinem Erfolg.

Am 15. Mai 1971 steht Frischs 60. Geburtstag an – ein Anlass, den Verleger Unseld würdig begehen will und muss. Zusammen mit seiner Mitarbeiterin Helene Ritzerfeld fliegt er nach New York, wo Frisch mit seiner zweiten Frau Marianne wohnt, um den Jubilar zu würdigen und gleichzeitig Kontaktpflege bei Agenturen und Verlagen zu betreiben. Wie fast immer ist Unseld ein Getriebener, der die Reise auf sich nimmt, obwohl er zu Hause in Sachen Bertolt Brecht schwierige Auseinandersetzungen zu führen hat.

Am 14. Mai kommt er in Manhattan an. Zeit, sich an den Jetlag zu gewöhnen, hat er nicht. Frischs Geburtstag steht rot markiert im Kalender, und tags darauf lädt er den Jubilar zum Mittagessen ins zwischen Broadway and Eighth Avenue gelegene Restaurant Sardi's ein. Abends richtet ein Schweizer Architektenpaar ein Dinner aus. Es gibt viel Geschäftliches mit Frisch zu bereden, und so hat man in den folgenden Tagen häufig Kontakt. Der Schriftsteller ist unzufrieden mit seiner Präsenz auf dem amerikanischen Markt. Seine Theaterstücke finden kaum Resonanz, und für seine Tagebücher will sich partout kein Verlag erwärmen.

Bei einem Lunch am 19. Mai entlädt sich die angespannte Stimmung, wie Unseld in seinen akribischen *Reiseberichten* festhält. Empört erklärt

Frisch, dass sein Geburtstag von seinem Verleger quasi ignoriert worden sei. Mit »leeren Händen« sei Unseld nach New York gekommen, habe ein mickriges Restaurant ausgesucht, eine dürftige Ansprache gehalten und kein adäquates Geschenk mitgebracht. Alle Widerrede nützt nichts, auch der Hinweis auf die Reisekosten fruchtet nicht. Zwanzig Minuten lang lässt Frisch seiner Wut freien Lauf. Die Versuche des verdatterten und persönlich getroffenen Verlegers, das Verhältnis zu kitten, bleiben ohne Erfolg. Mit Ach und Krach bringt man einen Empfang hinter sich, den der Verlag am kommenden Tag für seinen Autor gibt (und der, wie Unseld schreibt, allein 4000 DM gekostet habe).

Das Mittagessen am 19. Mai bleibt für den Verleger ein Schlüsselerlebnis. Seine bis dato gelebte Überzeugung, dass es »Freundschaft in der Beziehung zwischen Autor und Verleger geben könne«, erscheint ihm nun als Irrtum. Frischs Dreistigkeit lässt den hypervitalen Unseld sogar generell an seinem Tun zweifeln: »Der New Yorker Lunch stellte alles in den Schatten. Er traf mich so, dass ich zum ersten Mal in meinem Leben Resignation empfand. Den Gedanken dachte, das Handtuch zu werfen. Auch ich habe ein Recht, nicht gedemütigt werden zu wollen.«

Als Colette Georges Simenon
auf die Sprünge half

Noch keine zwanzig ist er und weiß sehr genau, was er will. Kaum hat er seinen Mili-
tärdienst abgeleistet, kennt er nur noch ein Ziel:
Paris! Ende Dezember 1922 bricht er alle Brücken
ab und besteigt in Lüttich, seiner Geburtsstadt,
den Nachtzug nach Paris – wild entschlossen, dort
als Schriftsteller zu reüssieren. Er kommt in einer
Pension im 17. Arrondissement unter, verdingt
sich als Faktotum bei dem bestens vernetzten
Schriftsteller Binet-Valmer und tut, was er fast sein
ganzes Leben tun wird: in rasender Geschwindigkeit schreiben und veröffentlichen.

In rascher Folge entstehen Geschichten, darunter etliche erotische, die »contes galants«, die
in nicht unbedingt hoch seriösen Publikationen
erscheinen. Doch Georges Simenon will mehr
und sich von Stufe zu Stufe auf der literarischen
Anerkennungsleiter emporarbeiten. So wendet er
sich an die Tageszeitung *Le Matin*, deren Chef-
redakteur Henri de Juvenel mit der Schriftstellerin

Colette verheiratet ist. Die Fünfzigjährige ist dank Romanen wie *La vagabonde*, *Mitsou* oder *Chéri* längst zur großen, noch nicht so alten Dame des Pariser Literaturlebens avanciert und verantwortet das literarische Feuilleton des *Matin*.

Die Position bringt es mit sich, dass Colette mit Manuskripten überschüttet wird. Auch Simenon gehört zu denjenigen, die gerne im *Matin* publizieren würden, und reicht – mit »Georges Sim« gezeichnete – Texte ein. Anfangs ohne Erfolg, Simenon erhält seine Arbeiten postwendend zurück. Bis zu einem Mittwoch im Sommer 1923, als man ihn auffordert, in Colettes Büro vorzusprechen. Er lässt sich nicht zweimal bitten und ist von der Erscheinung der berühmten Kollegin tief beeindruckt. Erfreuliches hat sie ihm freilich nicht mitzuteilen, stattdessen einen Ratschlag, den der Belgier nie vergessen wird: »Mein kleiner Sim, ich habe Ihre letzte Erzählung gelesen. Irgendetwas stimmt nicht damit. Sie sind zu literarisch. Sie dürfen keine Literatur schreiben. Keine Literatur! Streichen Sie alles Literarische, und Sie werden vorankommen.«

Simenon hat diese Begegnung häufig erzählt. Bis an sein Lebensende hält er das Gespräch mit Colette für die entscheidende Initiation seines Schreibens. Er nimmt sich den Rat zu Herzen und beginnt, seine Prosa kompromisslos zu überarbeiten. Was vor allem bedeutet, dass er versucht, alles Überflüssige auszumerzen: Adjektive, Adverbien und jedes Wort, das auf dem Papier steht, um Effekt zu machen. »Schöne Sätze« werden ausgemerzt, und so entsteht – Colette sei Dank! – jene unnachahmliche Prosa, für die Simenon so wenige Vokabeln braucht wie kein anderer Autor seines Ranges.

Es dauert trotzdem eine Weile, bis sich die gestrenge Colette zufrieden zeigt. »Immer noch zu literarisch«, lautet ihr Urteil, als er mit zwei weiteren Erzählungen vorstellig wird. Doch zuletzt findet Simenon Gnade vor den Augen der Herrin: Im September 1923 erscheint im *Matin* Simenons erste Arbeit: »La petite idole« – der Beginn einer fruchtbaren Zusammenarbeit.

Eine »riesige Kerze« schulde er Colette für diese Hilfestellung, hat Simenon später gesagt, einen Rat, der den jungen, ehrgeizigen Autor, wie sein Biograph Stanley G. Eskin schrieb, vor »literarischer Aufgeblasenheit« bewahrte und ihn auf den »Pfad der Schlichtheit und Direktheit« lenkte.

Man sieht: Große Literatur entsteht manchmal, wenn man darauf verzichtet, Literatur zu schreiben.

Als Gerhart Hauptmann und Thomas Mann einen Strandspaziergang machten

Hiddensee genießt bis heute den Ruf einer Künstlerinsel, und die Liste der Literaten, Schauspieler, Wissenschaftler und Künstler, die als Hausbesitzer, Langzeitgäste oder Sommerfrischler in den letzten einhundert Jahren das Gästebuch der Insel füllten, ist kaum zu überblicken.

Kein Künstler ist jedoch mit Hiddensee derart eng verbunden wie Gerhart Hauptmann, und kaum einer hat Hiddensee literarisch so vielfältig verarbeitet. Im Juli 1885 nutzte der 22-Jährige einen Rügen-Aufenthalt zu einem ersten Abstecher nach Hiddensee in kleiner Männerrunde – der Beginn einer intensiven Beziehung, die erst 1943, knapp sechzig Jahre später, endete.

Weltabgeschiedenheit und Verlassenheit suchte Hauptmann auf der Insel. 1930 endlich erfüllte er sich seinen Traum vom Immobilienbesitz auf Hiddensee: Von der Gemeinde Kloster erwarb er für 32 000 Reichsmark das Haus Seedorn, das sowohl über einen Ostsee- als auch über einen Boddenblick verfügte. Für die Bedürfnisse des Dichters reichte der Platz freilich nicht aus, und so wurde der Architekt Arnulf Schelcher beauftragt, im Winter 1930/31 das Haus um einen Anbau mit Arbeits- und Speisezimmer zu erweitern. Das heute nach Hauptmann benannte Haus veranschaulicht aufs Schönste, wie komfortabel, ja luxuriös sich der Dichter eingerichtet hatte.

Hauptmann, der 1912 den Nobelpreis erhalten hatte, war ein reicher Mann, der sich dies und jenes leisten konnte. Zu den nicht unwichtigen Annehmlichkeiten des Hauses gehörte ein umfänglicher Weinkeller. 450 Flaschen lagen da in Tonröhren bereit. Den alkoholischen Vorrat über den Bodden auf die Insel zu schaffen war kein geringes Unterfangen, und die Einheimischen wussten sommers genau, dass der Ankunft des Weines bald die Ankunft ihres Dichterkönigs folgen würde. Abend für Abend lud Hauptmann Freunde zu Philosophie- und Weingelagen ein, die oft erst weit nach Mitternacht endeten. Zwei Flaschen Wein am Tag seien für ihn keine unüberwindbare Hürde gewesen.

Ehe Hauptmann das Haus Seedorn erwarb, war er gezwungen, sich in unterschiedlichen Herbergen einzumieten – zum Beispiel im Haus am

Meer in Kloster. So auch im Sommer 1924, als die Einheimischen ein selbst für sie außergewöhnliches literarisches Gipfeltreffen erleben. Der Kollege Thomas Mann hat sich mit Gemahlin Katia angesagt. Man wohnt in derselben Unterkunft, sieht einem angenehmen Ferienaufenthalt entgegen und tut, was man tut, wenn man sich auf einer Insel befindet: Die Dichterheroen machen sich zu Strandspaziergängen auf, lassen sich den Wind um die Nase wehen und führen Gespräche, die ihrer würdig sind – in Vorfreude auf wohlschmeckende Fischgerichte und gut gekühlten Riesling.

Thomas Manns Laune verdüstert sich jedoch rasch. Obwohl er den Nobelpreis erst fünf Jahre später erhalten wird, ist er es bereits gewohnt, allenthalben als bedeutender Schriftsteller gewürdigt zu werden und, ob in Lübeck oder im Münchner Stadtteil Bogenhausen, von seinen Lesern auf der Straße erkannt zu werden. Doch hier auf Hiddensee ist alles anders: So leutselig er den Insulanern oder den Sommerfrischlern zunicken mag, er stößt kaum auf Resonanz, verbleibt in einer kümmerlichen Statistenrolle. Stattdessen richten sich alle Blicke auf den Mann neben ihn, auf Gerhart Hauptmann. Ihn wollen die Menschen in ein Gespräch verwickeln; mit ihm wollen sie gesehen werden.

Natürlich hat Thomas Mann davon gehört, dass Hauptmann, der mit zunehmendem Alter alle Anstrengungen unternimmt, wie Goethes Zwillingsbruder auszusehen, als »König von Hiddensee« tituliert wird und Huldigungen gern entgegennimmt. Und reicher als er ist dieser Hauptmann auch noch – ein Umstand, der Mann gleichfalls verstimmt. Manchmal, heißt es, soll sich Hauptmann in Franziskanerkutte auf den Dünen zeigen, mit zerfurchter Denkerstirn auf die Ostsee blickend.

Das alles missfällt Thomas Mann, und so nimmt seine Freude an diesem Aufenthalt von Tag zu Tag ab. Selbst das kulinarische Angebot enttäuscht, ja gerät zu einer neuerlichen Demütigung. Während die Manns mit den übrigen Gästen im Speisesaal hocken und eher dürftige Kost vorgesetzt bekommen, werden Hauptmann – Thomas Manns Gattin hat das genau beobachtet – köstliche Speisen auf seinem Zimmer serviert. Für zwei Könige, das steht fest, ist auf dieser Insel kein Platz, und so reisen die Manns bald wieder ab.

Im Herbst 1924 erschien übrigens Manns *Der Zauberberg*, und für die Figur des trinkseligen, schwadronierenden Mynheer Peeperkorn stand recht offensichtlich Gerhart Hauptmann Modell – was dieser bei der Lektüre wütend registrierte. Die

Randnotiz »Dieses idiotische Schwein soll Ähnlichkeit mit meiner geringen Person haben?« zeugt davon. Hauptmann erkannte dessen ungeachtet die Bedeutung des Romans, und die Fehde der Kontrahenten wurde alsbald ad acta gelegt. Von weiteren gemeinsamen Urlaubsreisen ist jedoch nichts bekannt.

Als Françoise Sagan
die Revolution unterstützte

Ein Leben auf der Überholspur führen … Das sagt und schreibt sich leicht, wenn man Menschen charakterisieren möchte, die voller Energie sind, keine Ruhepausen kennen und ihre Ziele ohne Zaudern und Zögern realisieren wollen. Auf kaum jemanden trifft das so zu wie auf Françoise Sagan, die stets auf neue Sensationen erpicht war und keine Gelegenheit ausließ, diese auszukosten.

Achtzehnjährig setzte sie sich 1953 in ein Pariser Café an der Sorbonne und begann, ihren ersten Roman zu schreiben, der im März des kommenden Jahres im Verlag Julliard erschien – unter dem berühmt und sprichwörtlich gewordenen Titel *Bonjour tristesse*. Das Buch verkaufte sich wie geschnitten Baguette und fand zudem bei der Kritik Anerkennung. François Mauriac nannte seine junge Kollegin – ein zweischneidiges Attribut, das sie nie loswerden sollte – ein »charmantes kleines Monster«, dessen literarische Fähigkeiten über jeden Zweifel erhaben seien.

Binnen kurzer Zeit wurde Sagan eine sehr reiche Frau und blieb es lange Zeit. Mit vollen Händen gab sie das Geld aus und pflegte, wenn es darum ging, sich ihre Wünsche zu erfüllen, nicht auf Preisschilder zu achten. Eine ihrer Leidenschaften galt schnellen Autos, und so investierte sie ihre Honorare umgehend in Sportwagen, wie sie selbst in Paris nicht alle Tage zu sehen waren.

Was sie daran faszinierte, war weit mehr als das Gefühl, hinter dem Lenkrad eines ps-starken »Eisentiers« zu sitzen. Es ging ihr um die Erfahrung von Geschwindigkeit generell. Wer diese nicht liebe, bekannte sie einmal, liebe das Leben nicht. Die »vitesse« im konkreten wie im metaphorischen Sinn empfand sie als »élan de bonheur«. Auch den anderen von ihr reichlich genossenen Drogen schrieb sie eine vergleichbare Wirkung zu: »Alkohol war für mich immer ein guter Komplize. Ich habe nie getrunken, um das Leben zu vergessen, sondern um es zu beschleunigen.«

Konkrete Beschleunigung brachte ihr als Erstes ein Jaguar XK 120, dem kurz darauf ein Gordini folgte, mit dem sie durch Paris und in atemberaubender Geschwindigkeit hinunter zum Jetset von Saint-Tropez fuhr. Sogar dem *Spiegel* war das eine Nachricht wert: »Françoise Sagan, 21, französische Autorin morbider Liebesromane (*Bonjour tristesse*), hat einen Rennwagen vom Typ Gordini erworben, mit dem sie kürzlich auf der Rennstrecke von Mont-Ihéry Trainingsrunden im 200-km-Tempo drehte.«

In Sagans Biographie als Autofahrerin folgten weitere Jaguar- und Aston-Martin-Modelle. Eines davon, ein Aston Martin DB2/4, hätte sie fast das Leben gekostet. Im April 1957 kam sie in der Nähe von Milly-la-Forêt von der Straße ab. Das Cabrio überschlug sich, und die Feuerwehr brauchte eine halbe Stunde, um sie aus dem Wrack zu bergen. Sagan überlebte wie durch ein Wunder. Lange schwebte sie zwischen Leben und Tod; man verabreichte ihr für drei Monate das Morphiumderivat Palifum, das eine Abhängigkeit hervorrufen sollte.

Jaguar, Gordini, Aston Martin, AC Ace Bristol, Buick, Ferrari – das sind die Automarken, die man gemeinhin mit Sagan in Verbindung bringt, doch in die Geschichte der Pariser Studentenrevolte von 1968 schrieb sie sich mit einem anderen Fortbewegungsmittel ein. Mitte Mai '68 wird das Théâtre de l'Odéon in Paris besetzt. Trotz des linksengagierten Programms von Direktor Jean-Louis Barrault gilt es als bürgerliche Bastion und verwandelt sich in diesem Tagen in ein permanentes Diskussionsforum für Studenten, Künstlerinnen, Arbeiter, und Schauspielerinnen.

Françoise Sagan, die auch im gesellschaftlich-politischen Leben ein Auge für Bahnbrechendes hatte, lässt es sich nicht nehmen, im mit Transparenten verhangenen Theater aufzuschlagen. Jahre später wird sie sich an diese »großartigen« Maitage beglückt erinnern. Eine »Freiheit, wie man sie nicht kannte«, sei in Paris zu spüren gewesen, eine »verrückte« Freiheit. Natürlich kommt Sagan nicht mit der Métro ins Theater, sondern mit einem standesgemäßen Gefährt. Sofort wird sie erkannt; man tuschelt, bis einer der Anführer sie anspricht und damit einen famosen Dialog à la Sagan entfacht: »Ist die Genossin Sagan in einem Ferrari gekommen, um die Revolution zu unterstützen?« – »Falsch, in einem Maserati.«

Einsam und verlassen starb Françoise Sagan 2004 in ihrem Haus in Honfleur. Wegen Drogenbesitzes und Steuerhinterziehung hatte man sie zuvor inhaftiert; von ihrem Millionenvermögen war ihr so gut wie nichts geblieben. Ihre Gier auf schnelle Sportwagen erlosch; in ihrer Garage stand zuletzt ein siebzehn Jahre alter Mercedes. Begraben wurde sie im Dörfchen Seuzac in der Nähe ihres Geburtsortes Cajarc. Bis heute pilgern ihre Fans dorthin, und manche von ihnen legen ein Spielzeugautomobil aufs Grab.

Als Siegfried Lenz
im Auto unwohl wurde

Sylt im Juli 2004. Die Luft ist stickig im Kaamp-Hüs, um die dreihundert Menschen haben sich eingefunden, um einen der populärsten deutschen Nachkriegsautoren persönlich zu erleben. Birgit Friese, der Organisatorin des Kampener Literatursommers, ist ein Coup gelungen: Siegfried Lenz hat für eine Lesung zugesagt. Oft ist er nicht mehr unterwegs. Immerhin geht er auf die achtzig zu, und wer wie er über fünfzig Jahre in Deutschland, nein, in der ganzen Welt unterwegs war, um aus seinen Büchern zu lesen oder Vorträge zu halten, der will es allmählich ruhiger angehen lassen und auf strapaziöse Lesereisen verzichten.

Ja, er komme nach Kampen, doch da er sich die Anreise mit dem Zug ersparen möchte, bittet er mich, der ihn sechs Jahre lang als Leiter seines Hausverlages Hoffmann und Campe betreut hat, ihm als Chauffeur zur Verfügung zu stehen. Das tue ich gern, und so hole ich Lenz in seinem Haus im südlich von Schleswig gelegenen Tetenhusen ab. Seine Ehefrau Liselotte, von ihm Lilochen genannt, ist mit von der Partie. Ehe wir uns Richtung Sylt aufmachen, kommt Lenz nicht umhin, mir sein beliebtestes zirzensisches Kunststück vorzuführen: Wir gehen zum Teich auf dem Grundstück, und nach ein paar Lenz'schen Lockrufen schwimmen die Karpfen an den Rand und lassen sich von ihrem Herrn und Meister füttern.

Mit diesem herzerwärmenden Bild im Sinn brechen wir auf. Frau Friese empfängt uns aufs Freundlichste, und als Siegfried Lenz das ausverkaufte Kaamp-Hüs betritt, ist er in seinem Element. Freundlich und mit einem Lächeln, das blitzschnell feine ironische Züge annehmen kann, tritt er den Menschen gegenüber und vermittelt den Eindruck, ihnen nahe zu sein – ohne sie dazu einzuladen, ihm zu nahe zu kommen.

Seine Leserinnen und Leser mögen seine Zugewandtheit, sein bescheidenes Auftreten. Ein Lauter des Literaturbetriebs war er nie, und spätestens seit seinem Bestseller *Deutschstunde* (1968) hat er eine feste Gemeinde von Lesern, die ihm die Treue halten, weil sie spüren, dass er ihnen die Treue hält.

Er liest an diesem Abend aus mehreren Erzählungen, darunter *Kummer mit jütländischen Kaffeetafeln*, ein urkomischer Klassiker aus seiner Feder.

Als er sein Lesewerk verrichtet hat und sich im Saal eine Woge der Zufriedenheit ausbreitet, wartet eine weitere Aufgabe auf ihn. Geduldig empfängt er diejenigen, die Plastiktüten mit Erstausgaben anschleppen und um seine Signatur bitten. Gleichbleibend freundlich erträgt Lenz auch diese Autorenpflicht, assistiert von seiner Frau, die ihm nach jeder zehnten Unterschrift das Pilsglas reicht. Zwei-, dreimal muss nachgefüllt werden. Zum Abschluss kehrt man auf einen Rotwein im Hotel Rungholt ein, und schließlich begeben sich alle mit einem wohligen Gefühl zu Bett.

Am nächsten Morgen geht es zurück. Die Sonne scheint, wir verlassen den Autozug, und irgendwo zwischen Niebüll und Leck juckt es mich, das Beschleunigungsvermögen meines Alfa Romeo auszutesten. Die breite Landstraße lädt dazu ein, und so überhole ich flott ein ums andere Mal, bis aus dem Fond ein dezenter Ruf des Dichters ertönt: »Eigentlich, lieber Herr Moritz, wollte ich die Erzählung, die ich letzte Woche begonnen habe, noch zu Ende bringen« – ein Hinweis, der mich sofort auf die Bremse treten lässt, nicht zu brüsk, wie sich versteht. Man ist sich schließlich seiner Verantwortung gegenüber der Weltliteratur bewusst.

Unbeschadet sind wir seinerzeit zurückgekehrt,

und gern bilde ich mir ein, dass Siegfried Lenz umgehend an seinem Schreibtisch Platz genommen und vielleicht ein paar Sätze seiner wenige Jahre später erschienenen Erfolgsnovelle *Schweigeminute* zu Papier gebracht hat …

Als Max Frisch und
Friedrich Dürrenmatt auf
den Nobelpreis warteten

Ihr Verhältnis folgte den nicht immer einsichtigen Prinzipien von Anziehung und Abstoßung. Sowohl Max Frisch als auch der zehn Jahre jüngere Friedrich Dürrenmatt kamen früh zu literarischer Anerkennung, und das nicht nur in ihrer Heimat, der Schweiz. Mit ihren Theaterstücken und ihren Romanen beziehungsweise Kriminalgeschichten avancierten sie zu Auflagenkönigen und Schulbuchklassikern. Doch in einem kleinen Land wie der Schweiz ist schwerlich Platz für zwei literarische Giganten, die gleichermaßen Anspruch auf die Herrschaft erheben.

So wird bis heute ausdauernd darüber gestritten, wer von beiden der »Bedeutendere« war und ist, wem die Krone gebührt. Was die unergründlichen Kanonisierungsprozesse nach dem Tod von Autoren ergeben, unterscheidet sich oft von dem, was zu deren Lebzeiten geäußert wurde. In Sachen Dürrenmatt / Frisch scheint mir der Ausgang noch nicht entschieden; mal neigt sich die Waage dem Neuenburger, mal dem Zürcher zu. Warten wir ab, wen man in fünfzig Jahren noch lesen wird.

Beide wussten einander durchaus zu schätzen, erkannten eine intellektuelle Ebenbürtigkeit und waren trotzdem darauf bedacht, Platz 1 nicht aufzugeben. An Anekdoten, die sich um die beiden meinungsstarken Platzhirsche ranken, besteht kein Mangel. Man stritt sich, man pöbelte, trat nach, versöhnte sich, ohne dem anderen die Satisfaktionsfähigkeit abzusprechen. Schauplatz ihrer von alkoholischen Getränken oft befeuerten Auseinandersetzungen war nicht selten die legendäre Zürcher Kronenhalle, wo schon Pablo Picasso, Alberto Giacometti oder James Joyce Kalbsgeschnetzeltes mit Rösti aßen.

1967 erfährt ihre Freundschaft eine Auffrischung. Im April besuchen Dürrenmatt und seine Frau Lotti Max Frisch im Tessin. Dort hat sich dieser inzwischen niedergelassen, mit seiner achtundzwanzig Jahre jüngeren Gefährtin Marianne Oellers, die er ein Jahr später heiraten wird. Ein Gegenbesuch folgt, und im Herbst will man die Beziehung noch intensivieren. Von Berzona aus reist das Quartett Mitte Oktober weiter nach Venedig.

Für Dürrenmatt bringt die Reise, wie sein Biograph Ulrich Weber schreibt, vor allem neuerliche

»Begegnungen mit der Kunstgeschichte«. Neben allen ästhetischen und kulinarischen Freuden, die Venedig bereithält, bewegt die beiden jedoch vor allem ein Ereignis, das unmittelbar bevorsteht. Just in diesen Tagen nämlich wird in Stockholm der Literaturnobelpreis 1967 verkündet.

Frisch und Dürrenmatt wurden für diese Auszeichnung mehrfach gehandelt und nominiert – und jeder von ihnen hält sich natürlich für höchst preiswürdig. Die Vorstellung, womöglich dem Schweizer Kollegen den Vortritt lassen zu müssen, überfordert allerdings den einen wie den anderen. Und so schleichen sich, wie Marianne Oellers später erzählt, beide am entscheidenden Morgen aus ihren Zimmern und eilen, ängstlich darauf bedacht, nicht gesehen zu werden, zum nächsten Kiosk, um in den Feuilletons der einschlägigen Zeitungen die Stockholmer Nachricht zu finden.

Das Ergebnis ist bekannt. Frisch und Dürrenmatt gehen leer aus, wie auch in all den Jahren davor und danach. Fast scheint es, als habe man in Schweden Rücksicht auf die Befindlichkeiten der Schweizer Heroen genommen und ihnen Schmerz ersparen wollen. Der Nobelpreis 1967 geht, so steht es in den Blättern, nach Guatemala, an Miguel Ángel Asturias.

Erleichtert treten Frisch und Dürrenmatt den

Rückzug ins Hotel an. Damit kann man leben, besser, als wenn … Eine Stunde später trifft man sich, als sei nichts gewesen, zum gemeinsamen Frühstück, stärkt sich für den Tag und erwähnt den Nobelpreis und diesen Guatemalteken mit keiner Silbe.

Als Raymond Chandler
in der Dusche scheiterte

Selbstmorde sind eigentlich kein Thema für den Anekdotenschatz. Über diejenigen zu scherzen, die keinen anderen Ausweg wissen, als freiwillig aus dem Leben zu scheiden, ist unangemessen, zumal sich die »Freiwilligkeit« einer solchen Tat im Nachhinein schwer beurteilen lässt. Dass Künstler, denen man generell eine ausgeprägte Sensibilität nachsagt, häufig ihrem Leben selbst ein Ende bereiten, ist bekannt, und so finden sich in den Annalen der Literaturgeschichte erschreckend viele Selbstmörderinnen und Selbstmörder.

Ernst Weiß, Eugen Gottlob Winkler, Walter Benjamin, Hermann Burger, Inge Müller, Guido Morselli, Adelheid Duvanel, Aglaja Veteranyi, das sind nur einige Namen – und Jean Améry natürlich, der seinen Freitod 1978 kurz zuvor mit seiner Schrift *Hand an sich legen* quasi vorbereitet und begründet hatte.

Nicht genau erfasst sind naturgemäß jene Verzweiflungstaten, die als Selbstmordversuche bezeichnet und meist als Hilfeschrei gedeutet werden. Einen solchen tat Raymond Chandler 1955 im kalifornischen La Jolla. Mit seinen 1939 einsetzenden Philip-Marlowe-Romanen hatte er Ruhm erlangt und gilt neben Dashiell Hammett als Erfinder des »hartgesottenen« Detektivs, der wenig mit seinen englischen Ermittlerkollegen gemein hat.

1954 ereilt Chandler ein Schicksalsschlag, der sein Leben aus den Fugen geraten lässt. Seine achtzehn Jahre ältere Frau Cissy, mit der er dreißig Jahre verheiratet war, stirbt nach langem Leiden. Chandler kommt damit nicht zurecht, versinkt in Einsamkeit, gibt sich dem Alkohol wieder exzessiv hin und ist von Depressionen gebeutelt. Am 7. Februar 1955 schreibt er in einem Brief: »Morgen ist oder wäre unser einunddreißigster Hochzeitstag gewesen. Ich werde das Haus mit roten Rosen füllen und einen Freund einladen, um Champagner zu trinken, was wir immer getan haben. Eine sinnlose und wahrscheinlich törichte Geste, weil meine verlorene Liebe völlig verloren ist und ich an ein Leben im Jenseits nicht glaube.«

Mehrfach kündigt er der örtlichen Polizei seinen Selbstmord an, so auch am 22. Februar 1955. Was sich dann in seinem Haus ereignet, wird einer seiner Freunde später den »ungeschicktesten Selbstmordversuch« nennen, »dem man je begegnet ist«.

Auf einen Anruf von Chandlers Schwägerin hin, die von einer neuerlichen Selbstmorddrohung berichtet, eilt ein Polizist am Nachmittag in das Anwesen und findet den stark alkoholisierten Schriftsteller in der Dusche mit einer Waffe im Schoß vor. Er entwendet ihm die Pistole; Chandler wird umgehend in die Psychiatrie eingewiesen – ein Vorgang, worüber nicht nur in der amerikanischen Presse groß berichtet wird.

Chandler gelingt es, den psychiatrischen Greifarmen überraschend schnell zu entkommen. Er entlässt sich selbst und hat keine Scheu, von den Ereignissen an diesem Februartag zu erzählen. Sein Bericht zeigt ihn – zum Glück, möchte man sagen – als einen Selbstmordaspiranten, der an allem, was zu einer derartigen Tat gehört, kläglich scheitert. Die Vorstellung, dass ein Autor ausgebuffter Kriminalromane, in denen Revolver und Pistolen zu den gängigen Requisiten gehören, besonders zielstrebig vorzugehen vermag, erweist sich als trügerisch. Außerdem kann er selbst nicht sagen, wie ernst es ihm mit seinen Absichten eigentlich war.

Aber hören wir ihn selbst. Seinem langjährigen Lektor Roger Machell schreibt er: »Der erste Schuss ging ohne meine Absicht los. Ich hatte die Waffe nie abgefeuert, und der erforderliche Druck auf den Abzug war so gering, dass die Waffe schon losging, als ich ihn kaum berührte, um meine Hand in die richtige Stellung zu bringen, und die Kugel ringsum von den gekachelten Wänden der Duschnische abprallte und in die Decke schlug. Sie hätte beim Abprallen ebenso gut mir in den Magen schlagen können. Die Detonation kam mir sehr schwach vor. Das wurde bestätigt, als der zweite Schuss (der entscheidende) überhaupt nicht losging. Die Patronen waren etwa fünf Jahre alt, und ich vermute, die Ladung war in diesem Klima taub geworden. In diesem Augenblick wurde ich ohnmächtig.«

Sagen wir es unumwunden: Wie sich Raymond Chandler anstellt, um sich ins Jenseits zu befördern, ist jämmerlich, eine Slapsticknummer, die man sich in keinem seiner Marlowe-Romane vorstellen mag. An das, was folgte, als der Polizeibeamte Chandler in der Dusche sitzend fand, vermochte er sich nicht zu erinnern – ein klassischer Filmriss.

Vier Jahre später, im Mai 1959, starb Raymond Chandler, nicht von eigener Hand.

Als Emmanuel Berl (vielleicht)
mit Pantoffeln beworfen wurde

Wenngleich seine Werke selbst in Frankreich in Vergessenheit geraten sind, gehört Emmanuel Berl (1896–1976) zu den interessantesten intellektuellen Gestalten des 20. Jahrhunderts. Aus großbürgerlichem Haus stammend, fand er schnell Anschluss an die entscheidenden Pariser Milieus, verkehrte mit Louis Aragon, André Breton, Drieu la Rochelle und André Malraux, changierte in seinen politischen Auffassungen mal nach links, mal nach rechts und heiratete mehrmals – zuletzt die Sängerin Mireille, mit der er jahrzehntelang in der Rue de Montpensier am Jardin de Port-Royal wohnte.

Quasi durch die Vermittlung der Dichterin und Kritikerin Mary Duclaux nimmt er als junger Mann Verbindung auf mit dem ein Vierteljahrhundert älteren Marcel Proust. Beide sind um ein paar Ecken miteinander verwandt. In den Schützengräben des Ersten Weltkriegs liest Berl voller Begeisterung Prousts Übersetzung von John Ruskins *Sesame and*

Lilies. Eifrig werden Briefe gewechselt (von denen leider nur wenige erhalten sind), und im Frühjahr 1917 besucht Berl Proust mehrmals in dessen Wohnung am Boulevard Haussmann (Besuche übrigens, an die sich Prousts Haushälterin Céleste Albaret später nicht mehr erinnern konnte).

Die Gespräche zwischen Proust und Berl kreisen um das, was Freundschaft und Liebe für die Menschen bedeuten. Bereits 1916 hatte Proust in einem berühmt gewordenen Brief an Berl davon gesprochen und mit unmissverständlicher Klarheit festgestellt: »Mein Schicksal will es, dass ich Nutzen nur aus mir selbst ziehen kann. (…) Aber ich bin nur allein, und von den anderen habe ich nur in dem Maße etwas, als sie mir zu Entdeckungen in mir selbst verhelfen.«

Proust beharrt darauf, dass die existenzielle Einsamkeit nicht zu durchbrechen ist und Freundschaft und Liebe, in welcher Form auch immer, daran nichts ändern können – ein zentrales Thema in Prousts *Auf der Suche nach der verlorenen Zeit*. Der junge Berl will diesen ihm trostlos erscheinenden Nihilismus nicht hinnehmen und protestiert. Dieser, von der Richtigkeit seiner Anschauung, zumindest bei diesem Sujet, zutiefst überzeugt, duldet keinen Spaß, und so kommt es bei einem der Besuche Berls zum Eklat.

Beseelt von einer Begegnung mit einer gewissen Sylvia, die er zu ehelichen gedenkt, betritt Berl Prousts Wohnung und will ihn davon überzeugen, dass die Kraft der Liebe sehr wohl in der Lage sei, den Panzer der Einsamkeit zu durchstoßen. Proust ist empört, behandelt den Verliebten wie einen Infizierten, den es zu heilen gelte. Mit funkelnden Augen zieht sich Proust ins Badezimmer zurück. Während er sich frisiert und ankleidet, beschimpft er seinen Gast aufs Heftigste, zeiht ihn der Dummheit und jagt ihn schließlich aus der korkgetäfelten Wohnung.

Was in den Sekunden, ehe Berl die Tür ins Schloss wirft, geschehen ist, beschäftigt die Biographen beider Autoren bis heute. In seinem romanhaft-autobiographischen Bericht *Sylvia*, 1952 erschienen, beschreibt Berl selbst die Schlüsselszene so: »Et il lançait les injures comme des pantoufles par la porte du cabinet de toilette.« Zehn Jahre später, in einem Proust gewidmeten TV-Film von Roger Stéphane erinnert sich Berl erneut an diesen spektakulären Auftritt und berichtet, dass ihm Proust vom Badezimmer aus Pantoffeln ins Gesicht geworfen habe.

Was nun? Schleuderte der wütende Proust reale Hausschuhe in Richtung Berl (und zielte offenbar gut), oder waren es nur Beleidigungen, die *wie*

Hausschuhe durch die Luft flogen? Eine diffizile Frage, die den Philologen keine Ruhe gelassen hat und die nur auf den ersten Blick marginal erscheint. Ein erheblicher Unterschied liegt nämlich darin, ob Proust es bei verbalem Widerspruch beließ oder gleichsam handgreiflich wurde. Fraglos ist auch, was von Berls Versuch zu halten ist, das Ganze ins Metaphorische zu wenden. Jemanden mit »Beleidigungen wie Pantoffeln« zu bewerfen, das ist ein eigentümlicher Vergleich, denn die Praxis des Pantoffelwerfens dürfte schon damals nicht sehr verbreitet gewesen sein. Der Literaturwissenschaftler Gérard Genette hat in *Apostille* (2012) darauf hingewiesen. Die Proust-Biographen fanden verständlicherweise Gefallen daran, reale Pantoffeln durch die Luft fliegen zu lassen, wobei Uneinigkeit herrscht, ob Proust einen Pantoffel oder zwei einsetzte. Kurzum, wir sind geneigt, Berls Erinnerung in *Sylvia* nicht hinzunehmen. Vielleicht handelt es sich auch um einen Druckfehler, und in Berls Manuskript stand: »Et il lançait des injures et des pantoufles …«. Dann hätten wir es nicht mit einem Vergleich, sondern mit einem Zeugma zu tun.

 PS: Da wir schon bei Berl und Proust sind: Nach dem Pantoffelwurf gab es offensichtlich keine Besuche mehr. Briefe wurden indes weiter gewechselt, einer, wohl vom Oktober 1919, zählt zu den komischsten, die Proust geschrieben hat. Auf gut zwanzig Zeilen bestätigt er seinem »cher ami« Berl, einen Brief von ihm erhalten zu haben, »denn ich habe darin die mysteriösen Arabesken wiedererkannt, die Sie ironischerweise als Ihre Schrift bezeichnen. Aber dieses Mal habe ich, entweder liegt es an meinen Augen oder Sie haben sich selbst übertroffen, *kein einziges Wort* entziffern können. (…) Wenn Sie Ihre Briefe an mich nunmehr diktieren wollen, berauben Sie mich des Vergnügens, diese Zeichen bar aller rationalen Bedeutung zu betrachten, die in meinen Augen aber Ihre Gesichtszüge nachzeichnen. Aber immerhin wüsste ich, was Sie mir sagen wollen.«

Als Uwe Johnson
sich an Hertha BSC Berlin erfreute

Fußball und Literatur – das war lange Zeit eine geschmähte oder kaum existente Verbindung, zumindest in der deutschen Kulturlandschaft. Wer sich einer so schnöden und zudem hoch populären Sportart wie dem Fußball verbunden fühlte und am Samstagnachmittag womöglich gern vor dem Radiogerät saß, um die Bundesligaschlusskonferenz zu verfolgen, der durfte nicht sicher sein, als intellektuell satisfaktionsfähig zu gelten. Sich für Uwe Seeler oder Wolfgang Overath zu begeistern, das tat man besser im stillen Kämmerlein, bei heruntergelassenen Jalousien.

Natürlich gab es Autoren wie Ror Wolf oder Eckhard Henscheid, die sich nicht um derlei scherten und sogar Fußballtexte schrieben, und es bedurfte keiner intensiven Recherche, um herauszufinden, dass Günter Grass oder Ludwig Harig sich mit der Abseitsregel auskannten.

Ja, selbst Peter Handke schrieb in den 1960er Jahren ballsportbezogene Betrachtungen und Gedichte, ehe er kurz darauf mit seinem vermeintlichen Fußballroman *Die Angst des Tormanns beim Elfmeter* ins symbolische Terrain abdriftete. Renate von Mangoldt hat 1972, als die Gruppe 47 in Berlin-Grunewald zusammenkam, ein prachtvolles Foto aufgenommen, das unter anderen Walter Höllerer, Nicolas Born, Peter Weiss und Jürgen Becker beim Fußballspiel auf dem grünen Rasen hinter der Tagungsvilla zeigt.

Auch Uwe Johnson nahm an diesem Jubiläumstreffen 1972 teil, wenn auch, wie Hans Werner Richter in seinem Tagebuch festhielt, hartnäckig schweigend. Wie es um Johnsons Fußballliebe im Detail stand, soll hier erörtert werden, doch zwei Jahre zuvor verschickte er eine hoch interessante Postkarte, die auf ein Fußballmatch Bezug nimmt und nicht leicht zu entziffern ist.

Am 7. Januar 1970 kommt es vor 15 000 Zuschauern im Berliner Olympiastadion zu einem Spiel im Messestädtepokal (einem Vorläufer des UEFA-Pokals) zwischen Hertha BSC Berlin und Vitória Setúbal. Das Hinspiel in Portugal endete eine Woche zuvor 1:1, das Rückspiel, geleitet vom bekannten englischen Referee Jim Finney, gewinnen die Berliner mit 1:0. Das entscheidende Tor erzielt in der 69. Minute (manche Quellen sprechen von der 70. Minute) der flinke Außenstürmer Arno Steffenhagen. Hertha BSC zieht somit ins Viertelfinale des Wettbewerbs ein; Setúbal bleibt auf der Strecke.

Zwei Tage später, am 9. Januar, nimmt Uwe Johnson eine Ansichtskarte zur Hand und schickt sie seinem Freund Günter Eich. Die Karte ruht heute in den Tiefen des Deutschen Literaturarchivs in Marbach und war dort 1988, falsch datiert, in einer Eich-Ausstellung zu sehen. Sie zeigt auf der Vorderseite vier eher unschöne Beispiele Berliner Nachkriegsarchitektur: das Hotel Berlin Hilton, den Hardenbergplatz, die Deutsche Oper und einen Abschnitt des Kurfürstendamms bei Nacht. Adressiert ist sie an ein Postfach in Eichs Wohnsitz Bayerisch Gmain; als Absender ist »Johnson, Stierstr 3, Berlin 41« notiert, die 20-Pfennig-Marke der Deutschen Bundespost Berlin zeigt ein Schustermotiv Adolph von Menzels aus der Serie »Berliner des 19. Jahrhunderts«.

Das Textfeld setzt mit einem handschriftlichen »LIEBER GÜNTER:« ein und schließt mit »DA HAST DU ES. DEIN UWE.«. Dazwischen klebt ein gelblicher zehnzeiliger Zeitungsausschnitt aus dem *Tagesspiegel*, der die Überschrift »Hertha schlug Setubal 1:0« trägt und die Ereignisse des Spiels vom 7. Januar zusammenfasst.

Was wollte der Dichter dem Dichter damit sagen? Setúbal? Ja, da klingen die Ohren des Literarhistorikers. War 1957 nicht erstmals Günter Eichs Hörspiel *Die Brandung vor Setúbal* unter der Regie von Fritz Schröder-Jahn gesendet worden? Eine Ende des 16. Jahrhunderts im unweit von Lissabon gelegenen Setúbal einsetzende Geschichte, wohin die Protagonistin Dona Catarina (gesprochen von Elisabeth Flickenschildt) auf Lebenszeit vom König verbannt worden ist? Warum empfindet Johnson offenbar Genugtuung darüber, dass die durch Eich nobilitierte portugiesische Stadt von der alten Dame Hertha eliminiert wurde? Und warum nimmt Eich am 21. April 1970 darauf Bezug und schreibt Johnson: »Dass Hertha Setubal geschlagen hat, war für einige Wochen in diesem Winter doch sehr tröstlich.«

Alles Fragen, die zumindest in diesem Buch nicht beantwortet werden. Vitória Setúbals größte Erfolge datieren aus den 1960er Jahren; Arno Steffenhagens Tor beendete diese Ära. Am Ende der Saison 2019/2020 erhielt der Club keine Lizenz für die erste Liga und wurde in die dritte portugiesische Liga strafversetzt. Eich und Johnson hätten das womöglich begrüßt. Sieben Jahre vor ihrer Korrespondenz wurde in Setúbal übrigens Portugals berühmtester Fußballtrainer, José Mourinho, geboren. Als Kind, vermutlich um 1970, spielte er für Vitória.

Als Agatha Christie
in Harrogate untertauchte

Nein, ausdenken kann man sich eine solche Geschichte nicht. Zu konstruiert, zu unglaubwürdig – das wären die höflichsten Urteile, wenn man versuchte, diese Geschichte als »wahr« zu verkaufen. Eine Kriminalschriftstellerin, Mitte dreißig, die gerade dabei ist, sich einen Namen zu machen, verschwindet plötzlich. Ihr Wagen, ein Morris Cowley, wird am Rand eines Steinbruchs aufgefunden, und niemand weiß, was aus ihr geworden ist. Ihr Ehemann schaltet die Kriminalpolizei ein, die eine Großfahndung einleitet. Suchtrupps streifen durch Wald und Flur, Flugzeuge kreisen über dem Gebiet, man setzt eine Belohnung aus und schaltet sogar den berühmten, spiritistisch beschlagenen Sir Arthur Conan Doyle ein, der ein Medium konsultiert. Auch Kollegin Dorothy L. Sayers beteiligt sich an der Suche, während die nationale wie internationale Presse den Fall genüsslich ausschlachtet. So ein Stoff bietet sich nicht alle Tage.

Elf Tage bleibt die Dame – wir sprechen natürlich von Agatha Christie – abgetaucht, ehe sie in einem Hotel in Harrogate, wo sie sich unter falschem Namen einquartiert und eifrig das Tanzbein geschwungen hat, erkannt wird. »MRS CHRISTIE FOUND AT HARROGATE«, titelt der *Daily Herald* in großen Lettern und spricht von einer »dramatic re-union with husband«. Ihr Gatte Colonel Archibald Christie versucht, das Ganze als Krankheitsgeschichte zu verkaufen. Seine Frau leide unter komplettem Gedächtnisverlust: »She does not know why she is here.«

Was genau Agatha Christie veranlasst hat, alle Welt – die darüber nicht amüsierte Polizei inklusive – zu narren, bleibt im Dunkeln. Sie selbst äußert sich nur vage, und in ihren Jahre später erschienenen Memoiren übergeht sie diesen Skandal und ihre Beweggründe. Kein Wunder, dass die Spekulationen bis heute anhalten; wo man nichts Sicheres weiß, gedeihen die Legenden umso besser. 1979 kam der Film *Das Geheimnis der Agatha Christie* (mit Vanessa Redgrave als Titelheldin) in die Kinos, und 1998 veröffentlichte Jared Cade sogar ein Buch zu diesem mysteriösen Geschehen: *Agatha Christie and the Eleven Missing Days.*

Als gesichert gilt, dass es um die Ehe von Agatha und Archie Christie nicht zum Besten stand.

Er unterhält seit Längerem eine Affäre mit seiner Golfpartnerin Nancy Neele. Am Vorabend des Verschwindens, am 3. Dezember 1926, kommt es zu einem heftigen Streit, nachdem Archie verkündet hat, das kommende Wochenende lieber mit Nancy als mit seiner Angetrauten zu verbringen. Diese macht sich auf und davon, legt falsche Fährten und mietet sich – aparterweise unter dem Namen »Neele« – im eleganten Hydro-Hotel in Harrogate ein, das heute The Old Swan heißt und auf seiner Homepage stolz mit seinem berühmten Inkognito-Gast wirbt. Mit welchem Kalkül Agatha handelte – ging es ihr vor allem darum, dem untreuen Mann das Wochenende mit der golfenden Geliebten zu verderben? Hoffte sie auf sein reumütiges Einlenken? Oder handelte sie, wie ihre Biographin Barbara Sichtermann schreibt, in einer »Art schizoider Trance« –, das scheint sich trotz aller kriminalistischen Spurensuche bis heute nicht restlos aufklären zu lassen.

Unstrittig ist, dass die Ehe der Christies 1928 geschieden wurde und Archibald mit Nancy Neele glücklich wurde. Dass 1923 Christies Roman *The Murder on the Links* (dt. *Mord auf dem Golfplatz*) erschien, sei hier als Anregung für weitere Recherchen zumindest erwähnt.

Als Hans Erich Nossacks
Leidenschaft in Braunlage erwachte

Braunlage, seien wir ehrlich, gilt nicht als Ort, wo das wilde Leben zuhause ist. Der Luftkurort im Harz führt selten die Schönen und Reichen dieser Welt zusammen und taucht in den Annalen der Literaturgeschichte nur als Fußnote auf. Immerhin darf er für sich beanspruchen, das Seelenleben des Hamburger Schriftstellers Hans Erich Nossack ordentlich durcheinandergewirbelt zu haben.

Im Sommer 1952 ist Nossack, ein Mann von Anfang fünfzig, ein körperliches Wrack. Seit Jahren führt er eine anstrengende Doppelexistenz: Zum einen lenkt er die Geschäfte der väterlichen Kaffeeimportfirma, zum anderen ringt er sich nachts ein literarisches Werk ab, darunter *Nekyia*, *Der Untergang* und *Interview mit dem Tode*, mit dem er sich gleich nach dem Zweiten Weltkrieg einen Namen macht. Trotzdem ist er – und daran wird sich bis zu seinem Tod 1977 wenig ändern – ein Einzelgänger.

Seine postum veröffentlichten Tagebücher zeigen ihn als hoch komplexen Mann, der sich früh eine bürgerliche Panzerung zulegt, um in den Kaufmannszirkeln seiner ungeliebten Heimatstadt Hamburg nicht aufzufallen. Dazu zählt, dass er früh eine Ehe eingeht, obwohl er das für einen Künstler als ganz und gar unpassend ansieht. 1925 heiratet er Gabriele Knierer, Misi genannt, eine Beziehung, die von großem Durchhaltewillen geprägt ist und frei von jeder romantischen Tönung scheint. »M.s Hochzeitstag«, notiert Nossack beispielsweise in seinem Tagebuch, ganz so, als habe dieses Datum mit ihm nichts zu tun.

An Selbstgeißelungen mangelt es vor allem in seinen offenherzigen Tagebüchern nicht – ebenso wenig an Schmähreden über Kolleginnen und Kollegen. Allein deswegen sind diese drei Bände aufschlussreich. In Daniel Dubbes Biographie *Außerhalb. Das Leben und Schreiben des Hans Erich Nossack* (2020) werden etliche dieser Notate zitiert.

Anfang August 1952 muss Nossack die Reißleine ziehen und auf seinen ungesunden Lebenswandel Rücksicht nehmen. Er reist nach Braunlage in die in einem schönen Jugendstilensemble untergebrachte Barner'sche Klinik. Brav unterzieht er sich einer strengen Diät, stellt das Rauchen ein und würdigt seine Schreibmaschine keines Blickes. So schweigt auch sein Tagebuch – bis es am 3. September wieder einsetzt: »Gestern nach vier Wochen in Braunlage zurückgekehrt.«

Dass Nossack seine Zeit im Harz nicht allein damit verbrachte, salzlose Speisen zu sich zu nehmen und den Anweisungen des Klinikpersonals Folge zu leisten, vertraut er seinem Tagebuch dann umgehend an. Zu erzählen gibt es nämlich viel, denn in seiner letzten Woche in Braunlage lässt er sich auf eine leidenschaftliche Affäre mit einem Kurgast ein, der Unternehmerin Margarete Hildebrand aus Hannover. Sie ist um die vierzig, stets in Begleitung zweier Hunde und wechselt permanent ihre erlesene Garderobe.

Nossack ist wie von Sinnen und wittert die Chance, mit dieser vornehmen Frau aus seiner zementiert-bürgerlichen Hamburger Existenz auszubrechen. Zugleich weiß er, was er an Gattin Misi hat und wie kompliziert womöglich sein Leben an der Seite der Unternehmerin wäre. Unter dem Teppich halten kann er die für ihn existenzielle Affäre nicht, denn bald erhält Misi einen anonymen Brief: »Sein Herz gehört einer Dame mit zwei Hunden.«

Was nun? Was tun? Vorwürfe bleiben nicht aus, so sehr man versucht, einfach weiterzumachen wie bisher. Die Eheleute Nossack gehen ins Theater, vergnügen sich anschließend auf der Reeperbahn – was freilich seine Begierde auf Margarete nur steigert. Morgens um fünf beschließt er, erneut nach Braunlage zu fahren. Da der Reeperbahn-Ausflug das Portemonnaie komplett geleert hat, kommt der Ehebrecher nicht umhin, Gattin Misi um zehn Mark zu bitten. Sie händigt ihm den Schein aus und bleibt winkend am Fenster stehen.

Nossack bleibt vier Tage im Harz, die er Stunde für Stunde mit Margarete verbringt. Die Entscheidung schließlich fällt aus, wie sie ausfallen muss. Nossack schwört seiner neuen Liebe ab, »weil ich zu feige bin für das Glück«. Die Sexualität, die er – typisch für diese Zeit – geringachtet, weil sie die Festung eines zwanghaften Lebens zu unterminieren droht, darf nicht gewinnen. Man mag Nossack dafür loben, zu Ehefrau Misi zurückgekehrt zu sein. Wer indes liest, mit welchen Verkrampfungen und mit welcher Selbstaufgabe das verbunden war, wünscht sich eher, er hätte etwas Neues riskiert.

Immerhin: Ein richtiger Schriftsteller erlebt keinen Liebessturm in Braunlage, ohne das nicht literarisch fruchtbar zu machen. 1955 erscheint Nossacks Roman *Spätestens im November*. Dieser hat – wir sind nicht überrascht – einen einfachen Plot: Zwei Menschen begegnen einander, und ohne dass viele Worte gewechselt würden, wissen sie sofort, dass sie zusammengehören. Sie brechen alle Brücken hinter sich ab, pfeifen auf soziale und finanzielle Absicherungen und fangen noch einmal »ganz von vorne an«. Er, Berthold Möncken, ist ein angesehener Schriftsteller, sie die Industriellengattin Marianne Helldegen (man beachte die Initialen). Ob ihrem Wagnis Erfolg beschieden ist, sei hier nicht verraten. *Spätestens im November* dürfte nicht zu Misi Nossacks Lieblingsromanen gezählt haben.

Als Christian Morgenstern
sein Eheglück fand

In der Tiefe strömt der Eisack mit gelbbraunem Schmelzwasser zu Tal, auf den Höhen quellen die Brunnen. Das Tal ist schwül, von den Staubwolken jagender Automobile verfinstert, auf den Höhen im Lärchenwald über grünen Wiesen ist Gesundheit und Lebensfreude. Wenn der Bergwind Harzduft bringt und die hängenden Zweige der Nadelbäume zart anrührt, dass sie sich neigen und den Gruß weitergeben, wenn Beeren und Pilz im Dickicht sprießen, wenn Moospolster im Tannendunkel aufleuchten und in jeder Runse unter Farnen ein Wasser sickert, dann findet kindliches Gottesgefühl überall Segen und Hilfsverheißung.« So steht es 1922 im *Schlern*, der Südtiroler Monatsschrift für Heimatkunde und Heimatpflege, und der Verfasser, der Arzt und Schriftsteller Rudolf Huldschiner, arbeitet sich von der Schönheit der Wiesen und Wälder langsam bergan, um das in gut 1100 Metern Höhe liegende Heilbad Dreikirchen zu beschreiben.

In grauer Vorzeit hausten dort Einsiedler, bauten sich eine Hütte und drei kleine Kapellen. 1861 annoncierte der Gastwirt Josef Ringler die Wiedereröffnung des Mineralbads Dreikirchen. Ein Jahrzehnt später übernahmen die Eheleute Heinrich Settari, ein Bozener Kaufmann, und Johanna Ringler den Besitz und gründeten eine Großfamilie, der noch heute fast alle Anwesen der Gegend gehören.

Zu Beginn des 20. Jahrhunderts genießt Bad Dreikirchen unter Sommerfrischlern einen guten Ruf als abgeschiedener Ort, den, so Huldschiner, »viele Gäste, ruhiger und vornehmer Art« aufsuchen. Das – nur zu Fuß oder mit Mauleseln erreichbare – Anwesen gefällt durch einfache Genüsse: »Vor den drei Kirchen steht das Badl mit den Kabinen, in denen das Heilwasser in die Wannen rinnt, mit Schlafzimmern, Speisesaal, Terrasse und weiter Aussicht über die Lande hinaus, mit Backhendl, Kaiserschmarrn und Speck und rotem und weißem Wein.« Ostern 1905 reiht sich Sigmund Freud in die Gästeschar ein. Von Waidbruck im Tal bewältigt er den mühsamen Fußmarsch, zuletzt »auf einem mit Steinen gepflasterten Weg recht steigend, aber doch mehr seitwärts herum durch einen schönen Wald, der den einen Fehler hat, nicht zu enden«.

Vom Panoramablick wie von der »entzückenden Einsamkeit« gleichermaßen begeistert, verkraftet Freud den beschwerlichen Aufstieg mühelos, und ähnlich entzückt dürfen wir uns Christian Morgenstern vorstellen, als dieser drei Jahre später nach Dreikirchen gelangt. 1906 kam der lungenkranke Dichter erstmals nach Südtirol, nach Meran; zwei Jahre später, Ende Juli 1908, beehrt er, einem Reiseführer folgend, Dreikirchen und ist gleich voll des Lobes: »Dauernd schönes Wetter, reizvolle Lage, gute Pension.«

Kurz darauf gesellen sich neue Gäste hinzu, zwei Damen, von denen eine – die Generalstochter Margareta Gosebruch von Liechtenstern – den Enddreißiger Morgenstern sofort in ihren Bann zieht. Ja, er gehört nicht zu den Haudraufs, ist kein Gesellschaftslöwe, und lange schon hadert er damit, noch keine Gefährtin gefunden zu haben, deren Seele mit seiner im Gleichklang schwinge. Nun jedoch, unter gepflegten Badegästen in der bezirzenden Stille Dreikirchens, entsteht eine Atmosphäre, in der Großes langsam gedeiht.

Zu aufregend dürfen wir uns Morgensterns Sommeraufenthalt nicht vorstellen. Man konversiert über Goethe und Tolstoi, musiziert, spielt Schach, bastelt kleine Papierdrachen und unternimmt von Picknicks gekrönte Wanderungen.

Morgenstern ringt mit sich, kann sein Glück nicht fassen. Die ideale Frau scheint gefunden, ein »Kamerad, eine freie Seele, ein anmutiger Körper«.

Bei allen Selbstzweifeln ist sich Morgenstern, als die sechs Wochen in Dreikirchen zu Ende gehen, seiner Sache sicher, und Margareta geht es nicht anders. Ein reger Briefwechsel folgt auf die kurzzeitige Trennung, und noch im Herbst 1908 verlobt man sich. Der gemeinsamen Interessen gibt es viele. 1909 entdecken beide die Anthroposophie für sich und hängen an den Lippen Rudolf Steiners. Ein Jahr später trotzt man allen familiären Widerständen und geht die Ehe ein. Der Ursprung dieses Glücks bleibt unvergessen und findet in Morgensterns Briefen seinen Niederschlag: »Zweierlei möchte ich mit Dir zusammen unserem lieben Dreikirchen antun, wenn wir's einmal vermögen: die Decke des dritten Kirchleins so stützen, dass sie für den Kirchenbesucher keine Gefahr mehr bedeutet, und dann dem ersten (Deinem) Kirchlein eine besonders schöne Glocke schenken mit unseren Initialen und einem Spruch von mir.«

Lange währt das Eheglück nicht; im März 1914 stirbt Morgenstern in Meran. Margareta nimmt sich, ganz im anthroposophischen Geist verhaftet, seines Werkes und seines Nachlasses an. Hochbetagt stirbt sie 1968 am Ammersee.

Und Bad Dreikirchen? Der behutsam und geschmackvoll modernisierte Gasthof hat sich seine wohltuende Entrücktheit bewahrt. Und wer weiß, welche Liebespfeile heute auf der abendlichen Veranda abgeschossen werden? Bei einem Glas Lagrein dunkel und der gemeinsamen Lektüre von … ja, von Christian Morgensterns *Palmström*-Gedichten zum Beispiel. Ein Schicksalsschlag des Titelhelden – »Palmström, etwas schon an Jahren, / wird an einer Straßenbeuge / und von einem Kraftfahrzeuge / überfahren« – bleibt einem hier oben auf jeden Fall erspart, denn mit dem Auto darf Dreikirchen bis heute nicht angefahren werden.

Als Karin Struck
mit Rotweingläsern warf

D as ist eben eine Live-Sendung!« Wenn dieser Satz im Fernsehen fällt, weiß man, dass etwas schiefgegangen ist. Eine Nachrichtensprecherin, die die Contenance verliert und von einem Lachkrampf gepackt wird. Ein Conférencier, der auf der Showtreppe ausrutscht. Oder eine Schlagersängerin, die sich nicht mehr an ihren Text erinnert.

Das Unvorhergesehene und Überraschende erfreut uns mehr als Routine und Perfektion. Kein Wunder, dass vor allem die Fernsehmomente unvergessen bleiben, die jeden Ablaufplan sprengen und Peinliches, Furchtbares oder Komisches zutage treten lassen. Wie war das damals im *Aktuellen Sportstudio* des ZDF, als Moderator Rainer Günzler versuchte, den von einer tags zuvor erlittenen Niederlage gezeichneten Boxer Norbert Grupe zu interviewen – der jedoch bloß milde lächelte und keine von Günzlers Fragen beantwortete? Oder als Anfang der 1970er Jahre Dietmar Schönherr und Vivi Bach als Gastgeber der Samstagabendfamilienshow *Wünsch Dir was* ein Auto mit einer österreichischen Familie in einem Pool versenkten und Taucher zu Hilfe schwimmen mussten, um unter Wasser die klemmenden Türen des Wagens aufzureißen?

Ein Atemstocken der anderen Art stellte sich am 3. Juli 1992 ein, als es in der NDR *Talk Show* zu einem Eklat kam, der in kaum einem Rückblick auf deutsche TV-Historie fehlen darf. Unter der Gesprächsführung von Judith Schulte-Loh, Dagmar Reim und Wolf Schneider sitzen an diesem Abend gleich ein Dutzend Gäste beisammen, darunter die Fußballermutter Margit Effenberg, die Schauspielerin Elisabeth Wiedemann, die Hoteldirektorin Gerti Pertiller und der dänische Fußballtrainer Richard Møller Nielsen.

Was genau besprochen wurde an diesem Abend, ist, ohne dass wir das bedauern, weitgehend vergessen. Eingegraben nicht nur in unsere Erinnerung hat sich nur ein einziger Dialog, der rund siebzig Sekunden dauerte. Es geht um das Thema Schwangerschaftsabbruch, und in der NDR-Redaktion mag man es sich fein ausgemalt haben, dass es zwischen Angela Merkel, damals Bundesministerin für Frauen und Jugend, und der Schriftstellerin Karin Struck, die kurz zuvor ihr Buch

Ich sehe mein Kind im Traum. Plädoyer gegen die Abtreibung veröffentlicht hat, zu einem munteren Streitgespräch kommt.

Weit gefehlt. Karin Struck ist auf Krawall gebürstet und denkt nicht daran, Angela Merkel ausreden zu lassen. Als Wolf Schneider dezent zu intervenieren sucht, bäfft Karin Struck ein »Holen Sie mir doch einen Maulkorb!« zurück, was zu Unmutsäußerungen im Publikum führt. Daraufhin macht Karin Struck, ob geplant oder spontan, wissen wir nicht, der Sache ein Ende. Sie steht mit einem »Ich gehe!« auf, versucht vergebens, sich von ihrem Ansteckmikrophon zu befreien, reißt kurzerhand ihr Kleid nach oben, sodass ihre Unterwäsche freigelegt ist, stößt eine Wasserkaraffe um, wirft mit einem Rotweinglas um sich und verlässt die Runde. Johlend-empörte Zustimmung aus dem Publikum; man hört Rufe wie »Schweinerei«, »Du blutest, ne?« und – vielleicht ein wenig übertrieben – »Darum gibt es Krieg in der Welt«.

Es ist von heute aus betrachtet eine peinliche, entwürdigende Szene. Entwürdigend für die Autorin Karin Struck, deren theatralischer Abgang misslingt, und entwürdigend für das Publikum, das sich blitzschnell auf die Störerin einschießt und sich mit seinem Urteil auf der richtigen Seite weiß. Nur Angela Merkel tut, was bald ihr Markenkern sein wird: Sie bleibt gelassen sitzen und sieht den anderen beim Sich-Echauffieren zu.

Unwürdig ist dieses Ende eines Talkshowauftritts auch deshalb, weil wir einer streitbaren, störrischen Schriftstellerin bei ihrem endgültigen Niedergang zusehen können. Zur Erinnerung: Karin Struck hatte 1973 mit ihrem Roman *Klassenliebe* fulminant debütiert. Das rot-pinke Suhrkamp-Taschenbuch war ein großer Erfolg, als autobiographischer Bericht über Themen wie Klassenzugehörigkeit und Ich-Findung war es wie maßgeschneidert für die Stimmung jener Jahre, und progressive Deutschlehrer ließen es sich nicht nehmen, dieses aufwühlende Stück Prosa im Unterricht zu behandeln.

Obwohl Karin Struck viel beachtete Bücher folgen ließ, sank ihr Stern allmählich. Schon 1977 beim Klagenfurter Ingeborg-Bachmann-Wettbewerb sezierte Jurymitglied Marcel Reich-Ranicki ihren Text auf unnachahmliche, ihn beschämende Weise: »Das ist ein Skandal, wie sie schreibt. Wen interessiert schon, was die Frau denkt, was sie fühlt, während sie menstruiert? Das ist keine Literatur – das ist ein Verbrechen.« Struck reiste daraufhin ab.

Später überwarf sie sich mit ihrem Verleger Unseld, rückte immer mehr an den Rand des Literaturbetriebs, bis ihr Antiabtreibungsbuch sie zur Unperson machte. Dass das ehemalige DKP-Mitglied Struck dann irgendwann zum katholischen Glauben konvertierte, nahmen viele kaum mehr wahr.

Ja, diese Autorin hat schwache Bücher geschrieben, und sie hat sich häufig um Kopf und Kragen geredet. Wie man sie jedoch fallen ließ – ein Journalist forderte sie gar auf, sich einen neuen Namen zuzulegen –, ist im Nachhinein ein peinlicher Vorgang. Wäre man mit einem Mann ebenso umgesprungen?

An Krebs erkrankt, starb die vierfache Mutter 2006. Die Website der Karin-Struck-Stiftung dümpelt heute vor sich hin, Aktualisierungen Mangelware. Immerhin schrieb der Soziologe Heinz Bude 2018 über sie: »Struck hat all das vorweggenommen, was uns zuletzt ein Didier Eribon nahebrachte. Die Dramen des Aufstiegs, die Verluste und die Einsamkeit des Aufstiegs sind in Karin Strucks *Klassenliebe* viel existenzieller, viel härter beschrieben als bei einem Eribon.«

Als Charlotte Stieglitz
sich einen Dolch ins Herz stach

Kennen Sie Heinrich und Charlotte Stieglitz, jenes Berliner Paar aus dem frühen 19. Jahrhundert, das weniger durch seine Dichtungen als durch einen Dezemberabend des Jahres 1834 Literaturgeschichte schrieb? Wenn nicht, sei nachgeholfen: 1822 lernte die 16-jährige Hamburger Kaufmannstochter Charlotte Willhöft den fünf Jahre älteren Heinrich Stieglitz kennen. Dessen verheißungsvoll startende Karriere als Dichter geriet alsbald ins Stocken, worunter die Verlobungszeit und die 1828 geschlossene Ehe mit Charlotte litt.

Am 29. Dezember 1834 fasst die gepeinigte Gattin, die selbst als Lyrikerin hervorgetreten ist, den Entschluss, der Schaffenskraft des Gemahls auf ungewöhnliche Weise auf die Sprünge zu helfen: Nachdem Heinrich für einen Konzertbesuch das Haus verlassen hat, zieht sie ein weißes Nachthemd an, setzt sich ein Häubchen auf den Kopf, schreibt Abschiedsbriefe und beschließt, ihrem Leben ein Ende zu setzen.

Einer ihrer wenigen Freunde, Theodor Mundt, hat sich in seiner 1835 erschienenen Schrift *Charlotte Stieglitz. Ein Denkmal* in diese Szenerie des Schreckens hineinversetzt: »Dann legte sie sich, wie sonst zum Schlummer, in ihr Bett und senkte hier, mit einer furchtbar sicheren Hand, gerade mitten ins Herz hinein den treffenden Stahl. Den Dolch zog sie wieder heraus aus ihrer Wunde und legte ihn neben sich hin im Bett. Die rechte Hand hielt sie über die Wunde gedeckt, mit der Linken zog sie sich das weiße Betttuch bis an den Hals herauf, und in dieser Lage, in der sie gefunden wurde, gab sie sich, das Haupt ruhig zurück in die Kissen drückend, leise an ihr Ende hin. Kein Schrei, kein absichtlicher Laut.«

Die als Opfertod angesehene Tat erregte nicht nur in literarischen Kreisen Aufsehen und zog vielerlei Deutungen nach sich. Als »von eigener Hand geschaffenes Kunstwerk ihres Todes« (Wolfgang Promies) interpretierte man diesen Selbstmord. Karl Gutzkow und Peter Hacks inspirierte er zu literarischen Verarbeitungen.

Genützt hat die romantisch überschwängliche Tat übrigens nichts: Heinrich Stieglitz, der zwanzig Jahre später starb, blieb ein Autor von bescheidenem Rang. 1893 bezeichnete ihn die *Allgemeine Deutsche Biographie* als Schriftsteller, der »nicht müde wird, über wenige Gedanken geschmeidige Verse in Menge auszugießen, ein leerer Dichter, der, im Innersten kalt, durch künstliche Steigerung den Schein der Leidenschaft zu erzeugen sucht«.

Heinrich Stieglitz gab und gibt ein erbärmliches Bild ab. Die Stimmungsschwankungen und Depressionen seiner Frau wusste er nicht richtig einzuschätzen, und was er, der vor Eigenliebe strotzende Witwer, im Nachhinein zum Besten gab, ist an Peinlichkeit schwer zu überbieten. »Geistig« habe er den Dolch in sich »aufgenommen«; und in seiner postum erschienenen *Selbstbiographie* schwadroniert er in ärgerlicher »Fühllosigkeit« (Franz Josef Görtz) über das Geschehene: »Wer kann ein Rad zurückschieben in dem rollenden Getriebe der Zeit? – Wäre der 29. Dezember nicht prädestiniert gewesen, er wäre nicht eingetreten. Über diese Philosophie der Türken geht keine menschliche Weisheit.«

Ärgern möchte man sich darüber, wie sehr sich Charlotte Stieglitz genötigt fühlte, ihrem aufgeblasenen Ehemann zu huldigen. In ihrem – tränenbenetzten – Abschiedsbrief an ihn schreibt sie: »Es wird besser mit Dir werden, viel besser jetzt, warum? Ich fühle es, ohne Worte dafür zu haben. Wir werden uns einst wiederbegegnen, freier, gelöster! Du aber wirst noch hier Dich herausleben und musst Dich noch tüchtig in der Welt herumtummeln.«

Als Friedrich Torberg
die Kompottfrage stellte

Wenn einem Schriftsteller das Glück widerfährt, dass nachgeborene Kolleginnen und Kollegen sich auf Passagen seines Werkes beziehen und diese produktiv fortführen, dann darf er sich als Klassiker fühlen. Friedrich Torberg (1908–1979) ist diese Ehre zuteil geworden, insbesondere dank seinem populärsten Buch *Die Tante Jolesch oder der Untergang des Abendlands in Anekdoten* (1975). Im Kapitel »Kulinarisches Zwischenspiel« führt er seine Leserinnen und Leser in ein klassisches Wiener Kaffeehaus und stellt eine Dessertfrage, die bis heute kontrovers beantwortet wird.

Verena Roßbacher, in Torbergs Todesjahr in Bludenz geboren, greift in ihrem Debütroman *Verlangen nach Drachen* (2009) auf dieses Sujet zurück. Im Zentrum der vielen Episoden, die Roßbacher ausbreitet, steht ein Wiener Lokal, das vom eigentümlichen Charakter seines Besitzers lebt. Neugröschl heißt dieser Mann, und er ist eine

Hommage an den großen Kollegen Friedrich Torberg. Dieser setzte einst in *Tante Jolesch* dem Restaurant Neugröschl im 2. Wiener Gemeindebezirk und seinem Besitzer, einem »Original von seltener Urwüchsigkeit und ebensolcher Grobheit«, ein Denkmal, und Verena Roßbacher findet sichtlich Vergnügen daran, diese Büste neu zu positionieren. Immer wieder nämlich laufen die Handlungsstränge im Neugröschl zusammen.

Ein in mancher Hinsicht klassisches Wiener Arsenal an Eigenbrötlern und randständigen Existenzen lässt Roßbacher dort aufeinandertreffen. Gäste sind in diesem unter Beikoch- und Oberkellnermangel leidenden Lokal keineswegs gern gesehen und müssen sich vom grantelnden Wirt schroffe Belehrungen gefallen lassen. Eine Szene in *Verlangen nach Drachen* greift das Torberg'sche Dessertproblem auf und paraphrasiert en détail einen berühmt gewordenen Dialog aus dem Neugröschl.

Hören wir aber das Original, hören wir Friedrich Torberg: »Die Geschichte beginnt damit, dass eines heißen Sommertages ein Gast des Restaurant Neugröschl zum Abschluss seines Menüs einen Kaiserschmarrn bestellt. ›Was dazu?‹, fragt der Kellner, unter der Einwirkung der Hitze – die überhaupt eine gewisse Knappheit des Dialogs zur Folge hat – noch mürrischer als sonst. ›Ein Kompott.‹ ›Was für ein Kompott?‹ ›Egal.‹ Nach einer angemessenen Frist serviert der Kellner den Kaiserschmarrn mit einer Portion Zwetschgenröster als Beilage; er will sich entfernen, wird jedoch vom Gast zurückgehalten. ›Herr Ober, ich habe als Beilage ein Kompott bestellt.‹ Der Kellner, mit entsprechender Handbewegung: ›Da steht's ja.‹ ›*Was* steht da?‹ ›Ihr Kompott.‹ ›Das sind Zwetschgenröster.‹ ›Eben.‹ ›Was heißt *eben*? Wenn ich ein Kompott bestelle, will ich keine Zwetschgenröster.‹ ›Warum nicht?‹ ›Weil Zwetschgenröster kein Kompott sind!‹«

Kompott oder kein Kompott? Die entscheidende Frage ist gestellt und führt zu einem sich hochschaukelnden Disput, in den sich schließlich der Wirt einschaltet. Dieser schließt sich der Meinung des Gastes in keiner Weise an, beharrt darauf, dass ein Zwetschgenröster selbstverständlich als Kompott anzusehen sei. Kurzerhand wird der unbelehrbare Gast am Genick gepackt und aus dem Lokal hinauskomplimentiert. Damit nicht genug: Torbergs (und Roßbachers) Szene zeigt am Ende, wie sich Neugröschl unheilvoll in seinem Restaurant aufpflanzt. Bei Torberg heißt es: »Seine Blicke schweifen in die jäh verstummte Runde der Gäste, die sich ängstlich über ihre Teller ducken, und seine Stimme klingt unheilkündend, als er Anlauf nimmt: ›Es sind *noch* ein paar da, die sagen, Zwetschgenröster sind kein Kompott!‹ Und schüttelt drohend die erhobene Faust: ›Aber ich kenn sie alle!‹«

Und wer hat(te) nun recht? Neuere kulinarische Standardwerke stehen nicht auf der Seite des Wirtes und setzen den Zwetschgenröster (auch: Zwetschkenröster) nicht mit Kompott gleich, da die Früchte hier ohne Wasserzugabe im eigenen Saft gedünstet würden. Gänzlich fehl gehen Verhochdeutschungen, die den Zwetschgenröster als eine Art Pflaumenmus interpretieren. Man stelle sich bloß vor, dem Neugröschl-Gast wäre Derartiges serviert worden.

Ein Wort noch zu Friedrich Torberg, der in kulinarischen Fragen generell wenig Spaß verstand. So kümmerte er sich nicht nur um die treffende Zwetschgenröster-Definition, sondern nahm sich auch eines anderen Wiener Süßspeisenklassikers an. Darüber, wem es zustehe, »Original Sachertorten« zu verkaufen, kam es einst zu einem erbitterten Rechtsstreit zwischen dem Hotel Sacher und der Hofzuckerbäckerei Demel, der erst Anfang der 1960er Jahre beigelegt wurde. Friedrich Torberg trat vor Gericht als Zeuge auf und schloss sich der Demel'schen Argumentation an.

In *Tante Jolesch* hat er den verzwickten Sachverhalt festgehalten: »Was hingegen die Sachertorte betrifft, so beharre ich auf meiner schon vor dem Gericht – oder, um gastronomischen Doppeldeutigkeiten vorzubeugen: vor dem Gerichtshof – gemachten Aussage, dass die Original-Sachertorte zu Anna Sachers Lebzeiten in der Mitte nicht durchgeschnitten und nicht mit Marmelade gefüllt war; dass lediglich unter der Schokoladenglasur, um sie der Tortenmasse haltbar zu verschwistern, eine dünne Marmeladenschicht angebracht wurde; und dass die Torte in dieser originalen Form heute nicht von dem in andere Hände übergegangenen Hotel Sacher, sondern von der Konditorei Demel hergestellt wird.« Torbergs detailreich-spitzfindige Kommentare zur Urteilsbegründung können aus Platzgründen hier nicht ausgebreitet werden; sie lassen sich andernorts nachlesen.

Das Gericht ließ sich von der Intervention des Dichters nicht beeindrucken und entschied zugunsten des Sachers, das demnach allein das Attribut »Original« verwenden darf.

Zur Sachertorte wird übrigens niemals Zwetschgenröster gereicht.

Als Samuel Beckett
mit einem Winterzahnstocher
konfrontiert wurde

Der gewöhnliche Zahnstocher ist aus Holz oder Plastik und für wenig Geld in jedem Discounter erhältlich. Wer nicht zu diesen Wegwerfartikeln greifen möchte, führt elegant verpackte Modelle aus Silber oder Titan bei sich und zeigt somit selbst bei simplen Tätigkeiten wie der Speiseresteentfernung Eleganz. Fraglos wird auch Samuel Beckett mit »toothpicks« unterschiedlichster Art vertraut gewesen sein, als er sich als Mann von dreißig Jahren wieder einmal nach Deutschland aufmacht.

Den Winter 1936/37 verbringt Beckett in Deutschland und hält seine Eindrücke in seinen *German Diaries* und in Briefen fest. Beckett ist schlechter Stimmung, seine Karriere will keinen rechten Schwung aufnehmen, der Roman *Murphy* findet partout keinen Verleger. Letzte Station seiner Deutschlandreise ist München, wo sein Gemüt sich aufhellt, als er mit Karl Valentin zusammenkommt. Den Kontakt stellte der mit Beckett bekannte Theater- und Filmschauspieler Josef Eichheim her, wie Valentin selbst ein bayerisches Original.

So findet sich Beckett im März 1937 im Kabarett-Café Benz in der Münchner Leopoldstraße ein, das er, Jahrzehnte später, als »heruntergekommenes Varietétheater« bezeichnen wird. Auf der Bühne steht Valentin mit seiner kongenialen Partnerin Liesl Karlstadt, auf dem Spielplan das 1925 uraufgeführte Stück *Die zwei Elektrotechniker* (auch bekannt als *Der reparierte Scheinwerfer* und drei Jahre zuvor unter dem Titel *Der verhexte Scheinwerfer* mit O.E. Hasse als Theaterdirektor verfilmt).

Wiewohl Beckett Schwierigkeiten hat, Valentins Idiom zu folgen (»Don't follow half of his dialect«), erkennt er sofort einen Gleichgesinnten. Er lobt Valentin als »real quality comedian«, der etwas Depressives verströme und seine besten Tage vielleicht hinter sich habe – ganz so, als hätte er gewusst, dass Valentin und Karlstadt in großen finanziellen Nöten steckten und Letztere nach einem Selbstmordversuch gerade aus der Klinik entlassen worden war.

Wenige Tage nach dem Besuch des »half-witted electrician act«, bei dem Beckett »sehr traurig viel gelacht« hat, kommt es am 1. April 1937, unmittelbar vor Becketts Rückreise, zu einer einprägsamen Begegnung. Valentin ist dabei, eine Art Gruselkeller einzurichten, mit allerlei aberwitzigen Kuriositäten. »Crazy« lautet das Adjektiv, das Beckett zu diesem Besuch einfällt. Valentin schont seinen irischen Gast nicht, so die Legende, erläutert das Provisorium (»'s Elektrische kommt erst«) und beleuchtet die Ausstellungsobjekte mit einer Taschenlampe. Darunter ein pelzbesetzter Zahnstocher, den Valentin mit überzeugenden Argumenten anpreist: »Bei der Kält'n braucht's was Warmes.« Mehr als 7 Grad Celsius sollen an diesem Apriltag in München nicht geherrscht haben.

Die Begegnung ist kurz. Simon Demmelhuber zufolge verabschiedet Valentin seinen Gast mit leisen Bedenken: »So, nach England geht's morgen. Mit 'm Flieger. Also, ich tät's nicht. Wie leicht bricht ein Propeller ab, dann ham's den Salat!«

Wer sich unter einem pelzbesetzten Zahnstocher wenig vorstellen kann, sollte das im Isartor untergebrachte Valentin-Karlstadt-Musäum besuchen. Der Kiosk bietet Replikate des literarhistorisch bemerkenswerten Objekts zum Kauf an. In Becketts Werk spielen Zahnstocher meines Wissens keine tragende Rolle.

Als Peter Härtling sich über
Tiere in der Literatur äußerte

Unruhig rutscht Peter Härtling auf seinem
Sessel herum. Man hat ihn eingeladen ins
Hamburger Literaturhaus, um mit zwei Journalisten über aktuelle Kinder- und Jugendbücher zu
sprechen. Er macht das gern; schließlich arbeitete
er in seinen jungen Jahren für Zeitungen und Ver-
lage, und mit *Ben liebt Anna* gelang ihm Ende der
1970er Jahre ein Kinderbuchklassiker.

Härtling ist ein freundlicher Zeitgenosse, doch
an diesem Abend, dem 4. April 2013, echauffiert er
sich, noch ehe die Diskussion wirklich einsetzt. Er
schiebt seinen massigen Oberkörper nach vorne,
straft seine Nebensitzer mit strengen Blicken ab
und fühlt sich – gleich bei seinem allerersten Sta-
tement! – dazu berufen, grundsätzlich zu werden:
»Sprechende Tiere in Büchern lehne ich prinzipiell
ab!«

Kaum ist dieser fundamentale Satz gefallen, lehnt
sich Härtling zurück und genießt das verblüffte
Schweigen ringsum. Sprechende Tiere … Man

sieht, wie es in den Köpfen zu rattern beginnt, wie viele die Lektüren ihres Lebens blitzschnell durchforsten ... und betroffen feststellen, dass Tiere, die sich nicht mit Muhen, Krähen und Bellen verständigen, in der Weltliteratur gar nicht so selten sind. Man denkt an *Pu der Bär*, *Die wundersame Reise des Nils Holgersson*, *Alice im Wunderland*, *Das Dschungelbuch*, *Farm der Tiere* oder, von mir aus, an Günter Grass' *Die Rättin* ... und stellt unweigerlich fest, dass es nicht die allerschlechtesten Texte sind, in denen Tiere als sprechende Akteure auf den Plan treten.

Peter Härtling kennt diese Bücher, diese Gegenbeispiele, wenn man will, natürlich, doch als alter Fahrensmann des Literaturbetriebs weiß er auch, dass man gelegentlich Pflöcke einrammen und starke Meinungen vertreten muss, um sich die Aufmerksamkeit des Publikums zu sichern. Und ja, es ist beglückend, wenn einer auf die Bühne tritt und nicht herumeiert. Wir wissen es doch alle: Es lässt sich recht zweifelsfrei feststellen, nach wie viel Metern eine Weitspringerin in der Sandgrube gelandet ist und wer die schnellste Runde in der Formel 1 hingelegt hat. Die Literaturkritik indes tut sich schwer, solche klaren, objektiven Kriterien zu benennen. Man versucht, seine subjektiven Eindrücke und Wertungen zumindest mit soliden

Argumenten zu unterfüttern, und tut zugleich so, als sei es ein Leichtes, ein gutes von einem schlechten Buch zu unterscheiden. Das führt nicht immer zu schlüssigen Ergebnissen, und man muss wohl über ausreichend Erfahrung verfügen, um sich klar zu positionieren, wissend, dass das im Brustton der Überzeugung geäußerte Urteil keiner soliden Überprüfung standhielte. Bücher, in denen Tiere sprechen, können keine guten Bücher sein. Peter Härtlings Diktum werde ich nie vergessen – und es hat mich dazu gebracht, über Tierromane generell nachzudenken.

Denn ehrlich gesagt: Ich mag generell keine Romane mit Tieren, ganz gleich, ob diese sprechen oder nicht. Mit Zurückhaltung nehme ich Bücher wahr, in deren Mittelpunkt Rehkitze, Pandabären oder Pferde stehen. Längst vorbei die Zeiten, da ich mich für Lassie und Fury interessierte oder Struppi, Idefix und Pluto zu meinen Comic-Helden machte. Besonders skeptisch stehe ich fiktionalen Werken mit Katzen und Hunden gegenüber, die oft ins Possierlich-Rührende abgleiten – von der neuen Mode, diese Katzen und Hunde als Kommissare oder Detektive einzusetzen, ganz zu schweigen.

Gewiss, ich weiß, die Weltliteratur hat bleibende Prosa in dieser Untergattung hervorgebracht, Thomas Manns (etwas langweilige) Geschichte *Herr und Hund* beispielsweise oder Marie von Ebner-Eschenbachs bewegende Novelle *Krambambuli*. Und ja, ich weiß auch, dass nicht alle Autoren eine Unabhängigkeit demonstrierende Katze zu Hause haben. Die Schnittmenge »Hundebesitzer / Schriftsteller« ist gar nicht so klein – man denke an Carl Zuckmayer, Robert Gernhardt, Loriot, Karen Duve oder Juli Zeh. Dennoch: Ich mag, wie erwähnt, keine Hunderomane.

In den letzten Jahren freilich scheint sich auf dem bislang katzendominierten Buchmarkt eine radikale Kehrtwende zu vollziehen. Wo bislang Katzen eindeutig die Poleposition innehatten, den einen oder anderen Verleger quasi im Alleingang ernährten und das Anthologiegeschehen beherrschten, holt der Hund mit einem Mal auf, scheint gar das Rennen zu machen. Gewiss, wir hatten schon Carsten Sebastian Henns kriminalistisch geschulte Hunde, die im Piemont Fährten lesen, doch plötzlich sind diese nicht mehr allein im Literaturzwinger. Michael Kleebergs *Vaterjahre* lässt die New Yorker Zwillingstürme einstürzen, während der Familienhund seines Helden Charly Renn eingeschläfert werden muss. Burkhard Spinnen entführt uns in *Zacharias Katz* auf ein Schiff, das vor dem Ersten Weltkrieg durch die Karibik kurvt, und nimmt einen dänischen Hundebesitzer an Bord, der mit seiner Tierliebe alle Passagiere in den Wahnsinn treibt und, als das verehrte Tier nicht mehr auffindbar ist, tragisch endet.

Am weitesten und elegantesten freilich bringt die Österreicherin Bettina Balàka den Hund nach vorne, in ihrem Roman *Unter Menschen*, der mit »Berti war gebürtiger Ungar« einsetzt. Indem Balàka den rabenschwarzen, aus Ungarn stammenden Mischling Berti quer durch unterschiedlichste Haushalte ziehen lässt, ihn ins Tierheim und auf öde Felder schickt oder ihn zum Tröster eines unglücklich verliebten Physikers macht, zeigt sie, wie aus einem Hundebuch ein höchst unterhaltsamer Gesellschaftsroman werden kann, in dem das Bonmot Friedrichs des Großen »Hunde haben alle guten Eigenschaften des Menschen, ohne gleichzeitig ihre Fehler zu besitzen« nicht fehlen darf.

Rätsel gibt bei der literarischen Aufholjagd des Hundes jedoch Howard Jacobsons sehr komischer Roman um den mehrfach blockierten Schriftstellers Guy Ableman auf. Das Cover von *Im Zoo* zeigt einen Hund mit Krone auf lila Sofakissen, ohne dass ein markanter Bezug zum Inhalt bestünde. Daran sieht man wohl besonders deutlich, wie sehr der Hund inzwischen als

Marketinginstrument, als Selbstläufer gewissermaßen einsetzbar ist. Katzen dieser Welt, zieht euch warm an!

Zu all diesen Erkenntnissen hat mir Peter Härtling verholfen, irgendwie, sehen Sie mir diese Abschweifung deshalb bitte nach. Der Abend damals klang übrigens gesellig aus. Die eine oder andere lustige Tieranekdote war sicher dabei.

PS: Nach Fertigstellung dieses Manuskriptes erschien Michael Köhlmeiers Roman *Matou*, der der Katzenliteratur die Krone aufsetzt: Auf knapp 1000 Seiten streift die titelgebende Katze durch die Weltgeschichte. Natürlich spricht sie.

Rainer Moritz

Rainer Moritz 1958 in Heilbronn geboren, war Fußballschiedsrichter, promovierte mit einer Arbeit über Hermann Lenz, arbeitete als Cheflektor bei Reclam Leipzig und als Programmgeschäftsführer bei Hoffmann und Campe, ehe er 2005 die Leitung des Hamburger Literaturhauses übernahm. Damit nicht genug, tritt Moritz regelmäßig als Literaturkritiker in Erscheinung, übersetzt aus dem Französischen (unter anderem Françoise Sagan und Georges Simenon), kommentiert humorvoll das Weltgeschehen in einer *Bremen 2*-Radiokolumne – und schreibt Bücher: über Fußball, Schlager, Pariser Parks, aber auch über Richard Yates. Zuletzt erschienen unter anderem *Mein Vater, die Dinge und der Tod* (Antje Kunstmann, 2018) und 2021 als Oktopus-Buch der hochgelobte Roman *Als wär das Leben so*.

OKTOPUS VERLAG

Rainer Moritz
Als wär das Leben so

Roman

»Eine Ode ans Drauflosleben.«
Oliver Jungen / Frankfurter Allgemeine Zeitung

Ein dunkelgrüner Metallstuhl steht auf ihrem Balkon. Ein
Stuhl, nur einer. Lisa lebt allein, einsam ist sie nicht. Außerdem ist da ja noch ihr Kater Bello. Ein Hundename für
eine Katze? Warum denn nicht! Lisa weiß, was sie will, vor
allem weiß sie, was sie nicht will. Es gibt Männer in ihrem
Leben, doch den einen Mann an ihrer Seite, den braucht sie
nicht. Sie arbeitet erst als Buchhändlerin, später in einem
Hamburger Zeitungsverlag, gerne, fleißig. Aber sobald sie
die Tür ihrer kleinen Wohnung aufschließt und Bello auf sie
zurast, ist die Arbeit vergessen. Den einen Mann an ihrer
Seite, den gibt es irgendwann doch, allerdings ist er nicht
ganz ihrer, aber auch das stört Lisa nicht, denn wenn er sie
besucht, dann zählt nur sie. Sie geht weiter ihren Weg. Bis
ihr irgendwann das Leben einen Strich durch die Rechnung
macht.

»Das genaue und sensible Porträt einer Frau,
die in einem kleinen Leben die große Freiheit feiert.«
Thomas Andre / Hamburger Abendblatt

OKTOPUS VERLAG

Veronika Peters
Das Herz von Paris

Roman

Willkommen in Odéonia …
der freien Republik der Bücherliebenden,
dem wahren Herzen von Paris!

Paris im Frühling 1925. Die junge Berlinerin Ann-Sophie
von Schoeller ist gerade in die französische Hauptstadt gezo-
gen, wo ihr Ehemann in der renommierten Anwaltskanzlei
seines Onkels einer vielversprechenden Karriere entgegen-
sieht. Ann-Sophie hingegen spaziert gelangweilt durch die
Straßen. Eines Tages landet sie in der Rue de l'Odéon vor
einer Buchhandlung namens Shakespeare and Company,
in deren Eingang eine rauchende Frau in Männerkleidung
steht: die Buchhändlerin und Verlegerin Sylvia Beach. Als
Ann-Sophie den Laden betritt, ist sie augenblicklich fasziniert, auch von den Frauen, denen sie dort begegnet. Sie
fängt als Aushilfe an und wird Teil dieser »Company« aus
Literatinnen, Künstlerinnen und Freigeistern. Bald erkennt
sie, dass sie mehr will vom Leben – und auch in der Liebe.
Ann-Sophie muss sich entscheiden zwischen bürgerlicher
Sicherheit und dem Wagnis eines selbstbestimmten Lebens.

»Veronika Peters schafft mit ihren Worten
betörend schöne Unterhaltung, die jedes Leserherz
im Sturm erobert.«
Literaturmarkt.info

OKTOPUS VERLAG

Daniel Gray
Seite an Seite
50 *Liebeserklärungen an das Lesen*

Aus dem Englischen von Georg Deggerich

Ohne Liebe ist ein Buch nur bedrucktes Papier.

Streicheln Sie über Buchrücken? Kennen Sie dieses Gefühl der Einsamkeit, wenn Sie ein Buch beendet haben? Wählen Sie Ihre Urlaubslektüre schon Wochen vor der Abreise aus? Inspizieren Sie heimlich die Bibliothek des Gastgebers, wenn Sie zum Essen eingeladen sind? Verstecken Sie Ihre Neuerwerbungen vor Ihrem Partner? Und ist es Ihnen auch schon passiert, dass Sie völlig die Zeit vergessen haben, als Sie eigentlich ein bestimmtes Buch gesucht, dann aber einen Nachmittag lang das ganze Regal umsortiert haben? Daniel Gray setzt dem lange prophezeiten Tod des Buches etwas entgegen: Er hat nicht eine, sondern gleich 50 Liebeserklärungen verfasst – an das Lesen, die Literatur, die Buchhandlung und den Buchhändler. Entstanden sind geistreiche, anrührende Essays über die Freuden und Rituale rund ums Lesen. Eine bibliophile Sammlung von Glücksmomenten, die jeder Leser kennt, eine Hommage auf das wundersame und so reiche Leben mit Büchern, ein Plädoyer für den Erhalt des gedruckten Buchs.